汉字中的天文之美

王元鹿 主编
蒋德平 金瑞 著

文匯出版社

序

王元鹿

有一件美好的东西，日日与您为伴，日日为您服务，您却常常忽视了它的美——内在的美与外在的美，这就是汉字。

汉字是我们伟大祖国的宝贵遗产之一。如果说到汉字的特点与特色，一言以蔽之，就是美。汉字的“美”包含了使汉字得以产生与发展的客观环境的美——有物质的美、精神的美、逻辑的美，还有大自然的美。汉字的“美”也反映在汉字自身的构成与形态上。造字方法的精巧，文字姿态的曼妙，都令人赞叹不已。

汉字的“美”有其历史过程。如以甲骨文的产生为起点，汉字至少已有三千多年的历史。何况甲骨文其实还不能算是汉字的最早形态。然而，即便在甲骨文与早期金文中，我们已经可以领略其古朴与端庄，还可以理解通过其字形背后的古代社会的历史、文化与生活现象，乃至我们祖先的造字的智慧——这一切，都是美不胜收的。

今天我们使用的现代汉字，已经是几经变化的形体，多少已失去了它们的早期风貌，也不易推断出祖先造字的依据。学者们的不懈努力，使我们逐步深入了解了古代汉字的来龙去脉，并进而通过古代文字的研究去搜寻我们祖先的生活状况及他们的精神风貌。可以说，从汉字看历史，又从历史来追溯汉字的渊源，既是一个科学研究的过程，又是一个欣赏文字美的过程。

必须说明的是，这套书是在参考古今许多文字学及相关学科专家研究成果的基础上写出的。限于丛书的体例，行文中引用或述及文字学专家或其他领域专家的观点与成果，一般不专门写出或注出他们的名字及这些著作的名称。在此，向这些专家致以衷心的谢忱。

美是需要去发现的。由于我们见惯并用惯了汉字，才使我们习以为常地不去注意其内部蕴藏着的美。这套丛书，就是鉴于此种情形策划设计的。从文字与文字相关的角度——语言、历史、文化、考古、文学等多个方面，全方位地挖掘并向读者展示汉字的美，是本丛书作者的美好愿望。如果读者随着我们的笔，在弄清一个个古文字的同时，进一步了解它们折射出来的中国古代社会历史与文化的方方面面，以及我们的祖先的思维特点与心路历程，这将是何等快意的事！

2012年7月写于华东师范大学中国文字研究与应用中心

目录

序 王元鹿

壹 探秘星象

2 对星入『座』
9 沃『野』千里
16 鬼门『占』卦
24 短『垣』不可逾
30 万『象』更新
38 日穷于『次』

贰 星宿专访

46 天有『宿』度
53 东『壁』余光
60 箕风『毕』雨
66 扪『参』历井
73 千里姻缘一线『牵』
81 牛郎『织』女

叁 苍穹大观

90 遮天『盖』日
97 『浑』然天成
104 谈幻说『空』
111 斗破苍『穹』
117 包举『宇』内
124 气吞宇『宙』

肆 地球·太阳·银河

132 君子好「球」
139 大展「经」纶
145 经天「纬」地
151 东「曦」既驾
158 气冲霄「汉」

伍 特殊的星

168 「极」星高照
175 「流」星赶月
181 星「陨」如雨
187 人贵直而文贵「曲」
193 「魁」星踢斗，独占鳌头
200 踏「罡」步斗
206 凶神恶「煞」

探秘星象

〖对星入“座”〗

晴朗的夜空总是能看到繁星布满天幕，有大有小，有疏有密。如果你是爱好天文的朋友，或者对星座有些了解，你就会认得天幕的繁星里总是有星座的，我们的肉眼是可以看到星座里那些又大又亮的主星的，只是季节不同，看到的星座也不同。说到“星座”，也许大多数人都会认为这是西方的玩意儿，是舶来品，因为似乎和星座相关的趣闻大都是希腊神话故事，我们很难把星座和我国古代传统文化联系在一起。

如果你也是这样认为的，那么要小小地提醒你一下了，星座文化可不是什么西方文化的专利。早在千年前，我们的老祖宗就对星座有了大量的研究，只不过和现在流行的“星座”名称不同罢了。当你打开一张古文献资料里的星图时，你马上就会被那星图上许许多多的古星名看得眼花缭乱！是的，你也会发现那些星座的名称和我们现在流行的十二星座的名称有多么地

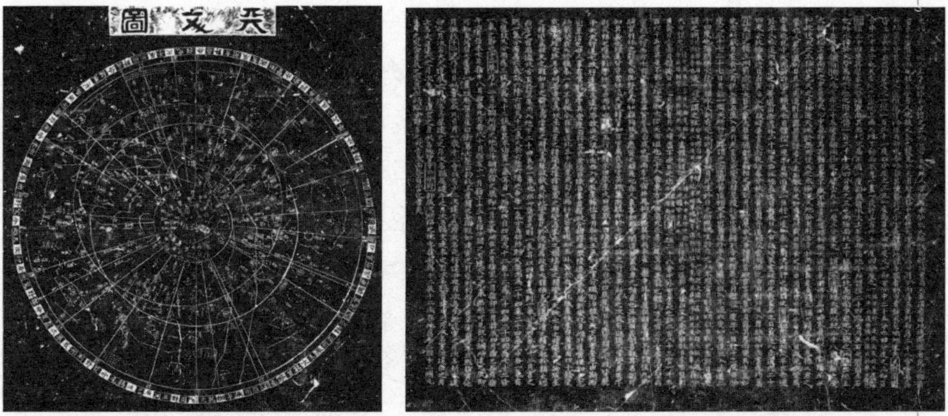

江苏苏州南宋府学石刻天文图

江苏苏州府学内的石刻天文图碑，吴人俗称天文碑。王志远刻于公元1247年。今陈列于苏州碑林博物馆宋碑室内。它是现存最完整最早的石刻盖天全图。图上按三垣二十八宿《步天歌》体制收1 436颗星名，图下有文，述当时所知的天文学知识，具有很高的历史文化和学术价值。

引自《中国古天文图录》潘鼐 著 上海科技教育出版社 2009年12月第1版 第57页

不同！那就是我国古代的天文学家所制定的星座。

我们知道，太阳只有一个，月亮也只有一个，可那满天的繁星却是难以计数的，因此，为了便于观察和研究，古人将星空划分成若干个区域。每个区域包含若干颗星星，各个区域大小不等、形状各异，区域里所包含的星数也从一到多不等。这些形状各异的区域就称为星座，更确切地说，在我国古代天文学中，把它们称为星官。《史记·天官书》唐司马贞题解："天文有五官。官者，星官也。星座有尊卑，若人之官曹列位，故曰天官。"

一个星座名就是一群星星的名称，而其中的每颗星也都有自己的名称。杜牧的《秋夕》，尾联中的"牵牛"和"织女"就是我国古代星座系统中的两个著名的星座。中国传统天文学中对星座的划分和命名是个非常复杂且庞大的系统，它不是一人一时一地完成的，是世代累积的成果。

在讲"星座"之前，我们先来讲讲"座"，为什么叫星座。"座"字最早的本义当是一种类似于床榻的坐具，可供坐卧休息。《玉篇·广部》："座，床座也。"《集韵·过韵》："座，坐具。"后来演变为"坐位、坐席"，又引申为"在座的人"。此外，座还有"底座""量词""旧时对官长的敬称"等义项。在这些义项中，我们需要注意的是列举到的最后一个义项：旧时对官长的敬称。这个义项我们乍看好像很陌生，其实我们在一些军事影片中是常常见到过这样的用法的。比如在一些战争片中我们会常常听到"军座""师座""委座"等的称呼，这个用法就源自"座"的这个义项。由这个义项引申开去，我们如果细心观察用"座"组的词会发现，"座"字的用法常常含有尊敬义，例如：

座下：是对尊者的敬称。宋王观国《学林·朕》中有："称尊者为座下、几下、席下、阁下。"也指莲座之下，借指佛菩萨。清李渔《奈何天·狡脱》："清远皈依座下，做个传经听法之人。"

座上客：指受到礼遇的客人。

座前：旧时书信中对尊长的敬称。

座主：唐宋时进士称主试官为座主。

座师：明清两代举人、进士对主考官的尊称。

座头：指首席，首位。

由此我们可以简单地总结出，"座"字的义项由"坐位"引申出"在座位上的人"，再到"职位"，是一路"升职"的，"座"字的使用带有尊敬的意味。接着回到我们前面讲的，我国古人将星空中划分的不同区域称为"星官"，再联系"座"字的相关义项，我们不难推测出，星官又称为星座的原因。

我国对星空的划分，最重要的是二十八宿和三垣。三垣是北天极周围的三个区域，即紫微垣、太微垣、天市垣。二十八宿是在黄道和白道附近的二十八个区域，也分为四象，即东方七宿：角、亢、氐、房、心、尾、箕；南方七

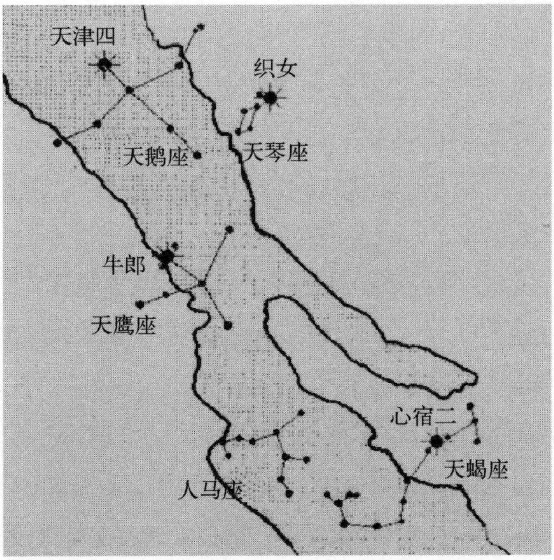

牛郎织女星空图

引自《神祇的脚印：中国符号文化 民间人物卷》周振华著 花城出版社 2009年5月第1版 第84页

宿：井、鬼、柳、星、张、翼、轸；西方七宿：奎、娄、胃、昴、毕、觜、参；北方七宿：斗、牛、女、虚、危、室、壁。我国古人为何选择天空中的这些区域来作为重点观察对象呢？这和我国在地球上所处的地理位置是密切相关的。在我国黄河流域的位置观察星空，北极星是非常明显的标志型星官，也是北天极最重要的拱极星座。继而是黄道平面和赤道平面夹角的地带所对应的星空也是容易观测的区域，这就是二十八宿所在的位置了。

早期的星官命名以象形原则为主，天空中的星座被根据形状联想成为各种各样的事物。如日常生活中有代表性的工具类：斗、箕、杵、臼等；人物类：子、丈人、织女等；动物类：天狗、天狼、螣蛇等。后来越来越带有浓厚的民族观念，天文学家或者星象家逐渐在天上建立了一个和地面对应的统治体系。以帝王星北极为中心，三垣、四象、二十八宿以森严的体系分布，强烈地反映了我国封建社会的地方支持中央的向心性中央集权政体思想。

但是如果你以为我国古代的星空这么森严又无趣的话，你就错了。在这里还有诸如“天街”“天市”等可以逛街的地方，有“天仓”“天廪”等温饱不愁的粮库，有“天田”可以耕耘，有“天苑”可以游乐等等，俨然又一个人间社会的模样呢！

上面所说的是我国古代天文学中的星座种种，它与现在日常生活中流行的星座不是同一个体系。现在我们常常所说的星座，来源于古代巴比伦人创造后经古希腊人发展的星座体系。古巴比伦天文学家为了表示太阳在黄道上移动的位置，把黄道等分为十二个区域（每个区域三十度），叫做黄道十二宫。他们又把夜空中所观察到的星星划分成不同的区域，形成不同的星座。随着季节的变化，太阳运行的位置也发生变化，出现在不同的星座上，因此太阳在黄道上运行移动经过的十二个星座与十二宫对应联系起来，也就是用宫

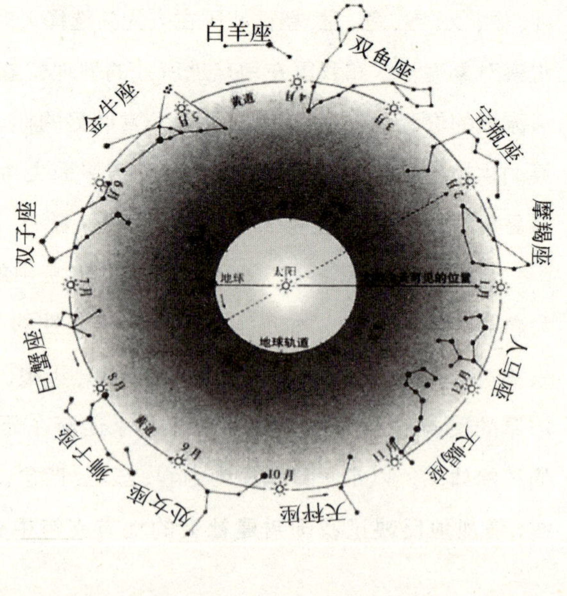

黄道十二宫与太阳周年视运动示意图

引自《88星座》崔石竹、陈丹编著 中国农业出版社 2012年5月第1版 第11页

内的星座名称来命名宫名，这样就形成了黄道十二宫的十二个星座，通常称为：白羊座、金牛座、双子座、巨蟹座、狮子座、处女座、天秤座、天蝎座、射手座、摩羯座、水瓶座、双鱼座。

当然，西方的星座体系远远不止这十二个星座，这只是黄道区的，另外还有北天的29个星座和南天的47个星座。这三部分加起来一共88个星座，也就是目前国际天文学联合会确定的国际上通行的星座划分系统。

北天29个星座有：小熊、天龙、仙王、仙后、鹿豹、大熊、猎犬、牧夫、北冕、武仙、天琴、天鹅、蝎虎、仙女、英仙、御夫、天猫、小狮、后发、巨蛇、蛇夫、盾牌、天鹰、天箭、狐狸、海豚、小马、飞马、三角。

南天47个星座有：鲸鱼、波江、猎户、麒麟、小犬、长蛇、六分仪、巨爵、乌鸦、豺狼、南冕、显微镜、天坛、望远镜、印第安、天鹤、凤凰、时钟、绘架、船帆、南十字、圆规、南三角、孔雀、南鱼、玉夫、天炉、雕具、天鸽、天兔、大犬、船尾、罗盘、唧筒、半人马、矩尺、杜鹃、网罟、剑鱼、飞鱼、船底、苍蝇、天燕、南极、水蛇、山案、蝘蜓。

从这些星座名我们可以看到中西方文化的明显不同。西方星座的命名多与神话故事有关，多的是用神话故事中的人物、动物和器具的名称来命名的，带有非常浓厚的希腊神话色彩。南天的星座也多用科学仪器设备等命名，反映了西方科技发展的影响。这些都反映了西方文化中的浪漫色彩和理性色彩，都是与中国传统文化不同的体现。

还有一个有趣的现象值得我们注意。如果将中国传统文化中的十二生肖与西方的黄道十二星座进行对比，我们发现二者存在很多差异的同时，也有不少相似相通之处。它们最早都是天文历法的产物，都是用来记录古人观察到太阳和地球之间的运动关系所造成的不同气候和时节，后来和人类自身联系到一起，人们观察人出生时候的时间，太阳在地球上的视运动的位置，看这个位置落在哪个区域就是自己所属的属相和星座了。又由于这种联系似乎和自己“独一无二”的出生日期和时刻相关，就仿佛又有某种象征意义，这样就进一步演变成了偏向唯心主义的命运性格说法。

似乎你所属的属相和星座是有特定的属性的，每个在这个时候出生的人就会赋予这种属性，这种形而上的思想在现在的社会中也越来越流行，尤其是在青少年群体中更明显。我们打开互联网，与星座决定命运、星座决定性格、星座决定姻缘等相关的内容可谓俯拾皆是；我们走进商店，与星座有关的饰品、玩具、文具、数码产品等琳琅满目，人们在选择商品的时候也会倾向于选择带有自己星座的那个“专属”的；我们走进书店，与星座占卜命运、星座决定成功等相关的图书资料也铺天盖地……由此我们可以感受到“星座文化”强大的生命力。

其实无论属相也好，星座也罢，只是一种符号罢了，远不能代表一个人的种种。我们可以把它们当作一种文化，一种消遣，打发一下空虚寂寞时候的无聊时光；如果真的用属相或者星座的相关属性来让自己“对号入座”，将这些当作人生的寄托，可就犯了傻了！

【沃“野”千里】

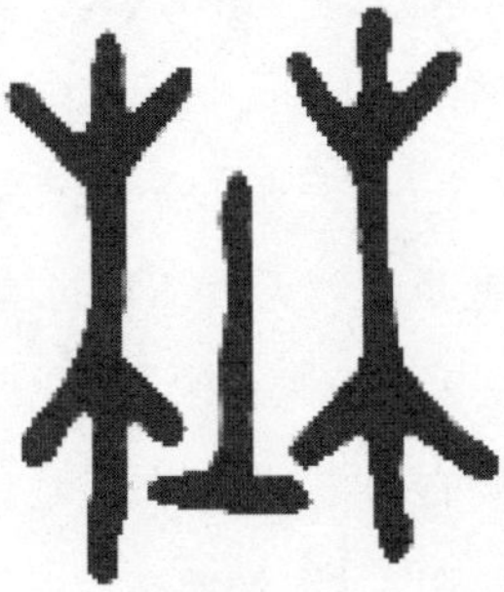

在古人的占星术也就是古代的星象学领域中，有一个至关重要的预设概念，那就是——分野概念。分野的思想理论可以说是古人占星的前提，不懂分野理论，就不能真正地了解古代的星象学，也不能清楚地明白古人的占星内容所表示的具体含义。

若抛开天文学，分野这个词其实我们并不陌生，《汉语大词典》中解释它就是“分界”“界限”的意思。那么，我国古代天文学中所说的“分野”是什么意思呢？古代的科技没有我们现在这么发达，很多自然现象古人无法用自己所知道的知识来解释，因此在古人的思想观念中，天上和人间社会一样是有体系有秩序的，天、人之间是有感应的。天上若有什么不同寻常的现象发生，一定是人间发生了什么，或者预示着人间将要发生什么，所以古人常常观天象，测人事。

群星浩渺的夜空当然是占卜术士们重要的观察对象，占星师们常常根据星象的变化来占卜人事的吉凶。但是宇宙浩瀚，天下之大，州国之多，到底怎么预测呢？于是古人便将星空划分的区域与地面上的州国郡县对应起来，哪个区域的星有怎样的变化就预示着其对应的地面上的地方将要有什么样的变化，或吉或凶，视星象而定。这种将地上的区域与天上的星宿对应起来的思想就是古代天文学中的所谓“分野”思想。

“分野”的思想大概在很早的时代已经产生，在先秦时就已经发展的比较完备和成熟了。在《周礼・春官・宗伯》中就有“以星土辨九州之地”，以观“天下之妖祥”的记载，就是说以天上不同的星宿的星象来观测地上不同的州、国的吉凶情况。《国语・周语下》有：“岁之所在，则我有周之分野也。”《史记・天官书》也说：“天则有列宿，地则有州域。”凡此等等，反映了分野的思想在很早期就发展得较完备并被人们熟练应用了。

虽然我们说分野的思想很早就产生并发展成熟了，但是分野的依据，也就是到底以天文学中的哪些星官或星宿来和地面上的那些州国区域相对应，怎么对应，却一直有较大分歧。明代周祁《名义考》云：“古者封国，皆有分星，以观妖祥。或系之北斗，如魁主雍；或系二十八宿，如星纪主吴越；或系之五星，如岁星主齐吴之类。有土南而星北，土东而星西，反相属者，何耶？先儒以为受封之日，岁星所在之辰，其国属焉。吴越同次者，以同日受封也。”意思是说分野的依据不同，要根据该国的受封之日岁星所在的位置来确定。这其实是因为占星术也是随着时间、社会思想的变化而发展的，且不同的占星家的分野依据和标准也有不同，导致了分野系统的多样。

《名义考》中说“或系之北斗”，是说有的按北斗七星分配州域的，如《春秋纬》称：“雍州属魁星，冀州属枢星，兖州、青州属机星，徐州、扬州属权星，荆

十二次	地支	古国	州域	二十八宿
寿星	辰	郑	兖州	轸$_{12}$角亢氐$_{4}$
大火	卯	宋	豫州	氐$_{5}$房心尾$_{9}$
析木	寅	燕	幽州	尾$_{10}$箕斗$_{11}$
星纪	丑	吴越	扬州	斗$_{12}$牛女$_{7}$
玄枵	子	齐	青州	女$_{8}$虚危$_{15}$
诹訾	亥	卫	并州	危$_{16}$室壁奎$_{4}$
降娄	戌	鲁	徐州	奎$_{5}$娄胃$_{6}$
大梁	酉	赵	冀州	胃$_{7}$昴毕$_{11}$
实沉	申	魏	益州	毕$_{12}$觜参井$_{15}$
鹑首	未	秦	雍州	井$_{16}$鬼柳$_{8}$
鹑火	午	周	三河	柳$_{9}$星张$_{16}$
鹑尾	巳	楚	荆州	张$_{17}$翼轸$_{11}$

较公认的分野体系

引自《天文与人文》钮卫星 著 上海交通大学出版社 北京大学出版社 2011年11月第1版 第97页

州属衡星，梁州属开星，豫州属摇星。”“或系二十八宿”是说有的是按二十八宿分配的，如《史记·天官书》称：“角、亢、氐，兖州；房、心，豫州；尾、箕，幽州；斗，江湖；牵女、婺女，扬州；虚、危，青州；营室至东壁，并州；奎、娄、胃，徐州；昴、毕，冀州；觜觿、参，益州；东井、舆鬼，雍州；柳、七星、张，三河；翼、轸，荆州。”“或系之五星”是说有的按五星分配的，如《史记·天官书》太史公曰：“二十八舍主十二州。斗秉兼之，所从来久矣。秦之疆也，候在太白，占于狼弧；吴楚之疆，候在荧惑，占于鸟衡；燕齐之疆，候在辰星，占于虚危；宋郑之疆，候在岁星，占于房心；晋之疆，亦候在辰星，占于参罚。”

在分野理论中，还有按照十二次分配的，如《周礼·春官·保章氏》郑注称："大界则曰九州，州中诸国之封域，于星亦有分焉……今其存可言者，十二次之分也。星纪，吴越也；玄枵，齐也；娵訾，卫也；降娄，鲁也；大梁，赵也；实沈，晋也；鹑首，秦也；鹑火，周也；鹑尾，楚也；寿星，郑也；大火，宋也；析木，燕也。"《左传》《国语》等书所反映的分野大体也都是以十二星次为准的。

这种按照十二次分配的分野理论后来发展成为了比较公认的分配方法。在《汉语大词典》中对"分野"一词的天文学的解释就是："与星次相对应的地域。古以十二星次的位置划分地面上州、国的位置与之相对应。就天文说，称作分星；就地面说，称作分野。如：以鹑首对应秦，鹑火对应周，寿星对应郑，析木对应燕，星纪对应吴越等。"可见，用十二次来分配是分野思想中比较权威的分法了。

分野观念在古代深入人心，古人作文时，常常会运用分野的相关理论于诗词歌赋中，大量的文学作品中包含分野理论的星宿名词。如李白的长诗《蜀道难》，里面有两句"扪参历井仰胁息，以手抚膺坐长叹"，句中的"参""井"就是参星和井星两个星宿名，蜀地属于参宿的分野，秦地属于井宿的分野。"扪"是用手摸的意思，"历"就是经历、经过。表面是说从参星到井星，实际上指的是相对应的从秦地到蜀地。

还有王勃的名作《滕王阁序》我们也非常熟悉，文章开篇第一句就说这里的地理位置是"豫章故郡，洪都新府，星分翼轸，地接衡庐"。就是说这里是古豫章郡，现在的洪州都督府，按照星宿分野的话，对应的是翼宿和轸宿，地理位置连接着衡山和庐山。

庾信的《哀江南赋》中有很多地方体现天文学的相关概念，其中"以鹑首而赐秦"一句体现分野思想，"鹑首"是星次名，是秦国的分野。据说天帝喝醉了酒，把鹑首所指之秦地割给了秦穆公。这里指西魏陷江陵后，襄阳等形胜之地尽归魏有。可以看出，文人对分野的知识非常熟悉，经常信手拈来，灵活运用。

我国古代天文学知识博大精深，可以说反映了古代社会制度、思想观念、生产生活等各个方面，分野的理论也是深奥精微，从上面我们所介绍的分野的基本情况就能看出来。说了半天，朋友们对分野的思想估计是有所了解了，那么我们再具体谈谈“野”这个字。

作为古代天文学相关概念的“分野”其实不是“野”的最基本意思。《说文·里部》说：“野，郊外也。从里，予声。壄，古文野，从里省，从林。”我们可以看到，野字的基本意思从古至今变化不大，是郊外、野外的意思。如《诗·郑风·野有蔓草》：“野有蔓草，零露漙兮！”唐柳宗元《捕蛇者说》：“永州之野产异蛇，黑质而白章。”这里的“野”都是野外、郊外的意思，和我们现在的用法一样。

“埜”和“壄”是“野”的古字，《玉篇·土部》：“埜，古文野。”朋友们在这里需要注意了，“壄”字中间本当是“予”而不是“矛”，但是后来又由于书写讹误，而多写成了里面是矛的“壄”，《正字通·土部》：“壄，别从矛壄作，乃壄之讹文。”不过，不要以为中间写为“予”就写对了古文野字，学者们认为，其实本来就应当写作从林从土的埜，中间什么都不加，而中间为“予”的字也当是后人传写之误，罗振玉在《增订殷虚书契考释》中认为：“许书之古文亦当作‘埜’……今增‘予’者殆后人传写之失。”

绕了这么一大圈，你清楚“野”“埜”“壄”“壄”四个字的关系了么？不得不说汉字真是字字皆学问，每一个汉字的每一个偏旁部首甚至是每一个笔画都是大有讲究的，万不可妄写呢。

前面讲了野字沿用至今的义项，“野”在古代还有一个专有的用法，是指周代王畿内的特定区域。《汉语大字典》中“野”的另外一个义项即为“周代王畿内的特定区域。周制，王城外百里曰‘郊’，郊外至五百里疆又分‘甸、稍、县、都’，各百里。野指‘郊’外，即‘甸’、‘稍’、‘县’、‘都’。”《尔雅·释地》：“邑外谓之郊，郊外谓之牧，牧外谓之野。”《周礼·地官·遂人》：“遂人掌邦之野。”郑玄注：“郊外曰野。此谓甸、稍、县、都。”《中文大辞典》里也有同样的义项：“周制，去王城二百里以外、三百里以内之地域曰野。”“周制，在王城以外之地，公卿大夫采地之总称。”

讲到这里，不知道朋友们是不是跟我有相同的想法，那就是，我们前面一直在说古人将天空也看作是有系统的社会，有大帝的宫殿，有皇城，有宫殿外的城墙等等，那是不是分野也不只是简单的区域划分，也许也与这个义项有关呢。

古人将分野理论运用得神乎其神。例如，商纣王在位时曾出现“五星聚于房”的天象，在古人看来，这种星象是大凶之兆，预示着将要改朝换代，殷商即将灭亡。而殷人的凶兆也就是周人兴起的吉兆，这“五星聚于房”，也就成了周朝建立新王朝的吉兆了。又如，刘邦在灞上时，出现了“五星聚于东井”的星象，这预示着秦朝将要灭亡，而刘邦建立的汉朝将要兴起。

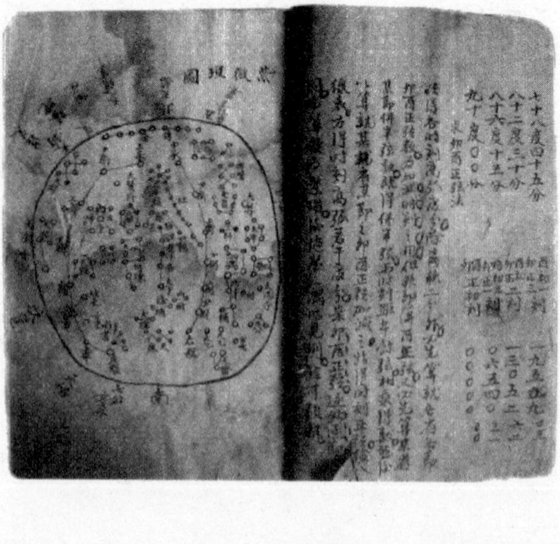

古代星象文献

引自《星占与梦占》刘文英 著 中央编译出版社 2008年3月第1版第37页

由此看来，星象的吉凶也取决于不同的立场呢。所以我们要明白，虽然占星术看似非常奇妙神秘，分野理论也好像非常完备，俨然一副“科学体系”的样子，但是，这些始终是带有封建迷信色彩的形而上的思想。在文明进步、科学发达的今天，我们只能将这些当作中国古代一种特有的思想文化来研究，而不能将这些“煞有介事”的理论真正落到实处哟。

【鬼门“占”卦】

原始社会时期，先民们的生产力非常低下，科技水平也非常落后，面对大自然的种种天象以及宇宙中的星象，古时的人们无法做出科学的解释，于是就认为那是天神的旨意，是对人间福祸的指示。所以，要了解天意，就要观察天象，掌握它的各种规律，这样才能更好地掌握天象的各种福祸预示。古人相信天人感应，因而在观察天象发展起来天文学的同时，由天象而关联人事，占卜人事祸福的占星学也发展起来，并且在“天赋皇权”思想长期占统治地位的封建社会，占星学的地位甚至超过了天文学，成为了官学，皇室的专利。

下面我们就来讲讲什么是“占”。“占”字甲骨文从，从，象卜骨的形状。《说文・卜部》:“占，视兆问也。从卜，从口。”意思就是问卜时察看占卜之物的兆象来揣度吉凶。古人用来占卜吉凶的事物有很多种，早期用龟甲、蓍草等，后来也用铜钱、牙牌等。“占”字的字义从字形上看也非常明白，

商代甲骨文

引自《中华传世书法鉴赏（卷一）》张艳玲 主编 福建美术出版社 2013年1月第1版 第7、9页

上半部是卜问、卜兆的卜，下面是口，表示卜问兆象，这当是占的本义。

“占”字后来逐渐演变引申为验问、验证义，如《广雅·释诂四》：“占，验也。”《汉书·孔安国传》：“是以古之人君谋事必就祖，发政占古语，重作事也。”颜师古注：“占，问也。”还有推测义，如《法言·五百》：“史以天占人，圣人以人占天。”宋陆游《急雨》：“老农占雨候，速若屈伸臂。”由此我们可以看到，“占”字从占卜义出发的字义变化不大，都是作为动词，表示观察、验问的意思。

需要注意的是，以上我们讲到的关于“占”的几个义项中，“占”字的读音声调均为阴平声。“占”字还有另外一种读音，就是声调读作去声。读音不同，字义也发生了变化，读作去声的占表示“据有”的意思，如占领、占据、强占等等，这个意思有时也写作“佔”。

前面我们说过，古人用来占卜之物种类非常多，今天，我们主要讲古代天文学中的占卜之术，也就是占星术，或者说占星学。

占星术是指通过观察星辰的运行、位置、颜色、亮度、芒角以及星辰之间的位置关系来预测人事变化的一种方术。占星家门所谓的占“星”其实不单单只是观察星象，还观察各种气象变化。观察星象，包括恒星太阳、五大行星、彗星、流星、客星等；各种天气气象变化包括疾风骤雨、迅雷、虹霓、极光现象、各种云气变化等。对太阳的观察包括日全食、日偏食、日环食、太阳黑子活动等。

行星由于亮度大且运行变化明显，也受到古人的高度重视，它们的运行位置有无异常，它们互相之间的运行有无相犯或者相凌等都会被记录下来。在古代天文资料中我们能常常见到诸如“五星联珠”“太白昼见”“行星见伏”等相关的说法，这些都反映了古人对星象变化的观察之细致，对其规律总结之用心。

月亮由于相对易于观察，古人对月球运行现象的记录非常丰富。据资料显示，中国古人对月食的记录或达到2 000次以上。彗星出现是一种很奇异的现象，它拖着长长的尾巴划过天幕的景象很难不被人发现，鲁文公十四年（前613）“秋七月，有星孛入于北斗”，这是有关哈雷彗星的最早的记录，可以说对世界天文学来说都是一笔重要的财富。古人对流星的记载也非常丰富，无论是单颗还是流星雨都有大量记载资料。另外还有对新星和超新星的记载，中国古代天文学中统称为客星，认为它们像“客人”一样偶尔拜访。

古人不仅对星辰认真观察，对风、雨、雷、电的发生也非常重视。古人认为这些都是天地之间的精华，任何异常都是上天对人间的暗示，有德的人看

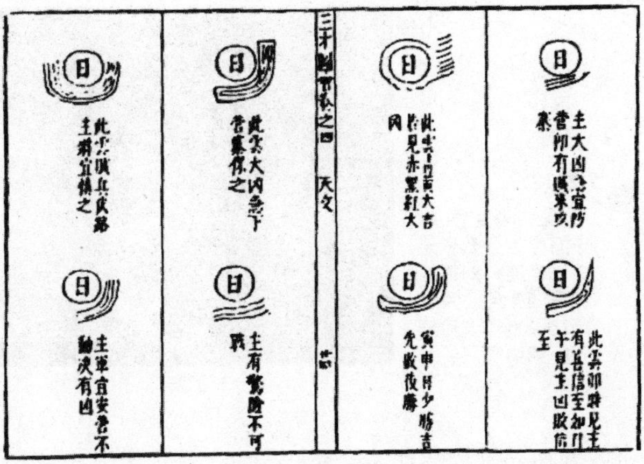

古籍中记载的望云气占验图

引自《天文考古通论》陆思贤、李迪 著 紫禁城出版社 2000年11月第1版 第16页

见这些变化就能有所领悟，更加谨慎行事，能够审视自身的行为，反思自己的过失并加以改正，这就是顺了天意，便能消灾趋福。

占星术的思想基础是“天人感应”，它依据是阴阳五行说。天有五星（金星、木星、水星、火星、土星），地有五行（金、木、水、火、土），人有五德（仁、义、礼、智、信）。古人相信天、地、人三界之间是互相关联的，其中一个有了变化必将影响和牵连其他。

通过观察星象和异常天象来卜测人事吉凶的思想，在中国古代的政治统治中充当极其重要的角色。君王大臣对国家大事的确定和执行都会参考甚至依赖占星家的意见。古代占星术的重要程度，现在的人们甚至难以想象。如《汉书·赵充国传》中记载，汉宣帝神爵元年（前61），宣帝对带兵的将领下达的诏书中竟然写着：“今五星出东方，中国（指中原，笔者按）大利，蛮夷大败。太白出高，用兵深入敢战者吉，弗敢战者凶。将军急装，因天时，诛不义，万下必全，勿复有疑。”对外打仗这种国家一等一的大事，君王竟然靠星象来判断出兵的时机，命令将士出兵。这在我们现代人看来这几乎是可笑的，然

彗星

引自《360度图解十万个为什么·天文地理篇》刘香英编写 陕西人民出版社 2006年2月第1版 第41页

而古人却非常严肃认真，他们认为这是上天发布的出兵信号，万不可逆天命而为之。

自古以来，彗星就是著名的灾星，最突出的一点是因为，彗星代表扫帚，会扫除旧物，也就是会消灭旧的政权、革新政权，所以常常被认为是破国家、易君主的象征。同样的，彗星那长长的彗尾如果扫过哪些星区的星官，那么相对应的地面上的州国就可能会发生战乱、灾害等。例如《左传·文公十四年》曰："有星孛于北斗，周内史叔服曰，不出七年，宋、齐、晋之君，皆将死乱。"就是说，在这一年有一颗彗星出现在了北斗星的区域，北斗星是帝王的象征，所以在接下来的七年内，宋、齐、晋国的国君都将难逃死劫。在其后的时间里，果然应验了！其后第三年宋昭公被杀害；第五年，齐懿公被杀；第七年，晋灵公被杀。

朋友们要感到奇怪了，这怎么可能，难道真的是预言灵验了，还是仅仅巧合？其实，我们只能说，占星家都是有一套自己的占卜"秘密"的。在这个故事中，实际上占星家已经观察出这三个国家内部已经出现崩坏的苗头了，再结合占星理论，自然敢作大胆预测，并且这次的结果也确实非常"配合"。其实就算结果有些"闪失"，占星家们也不会太过担心，几乎所有的占星术都自有它一套能够自圆其说的手段，模棱两可。一种天象备有多种解说，这是占星家们谋求免除预言失败，得以继续生存的护身符。

我们再举一个例子来证明古代的占星术是如何立于不败之地的。《史记·宋微子世家》记载了一则宋景公时代荧惑守心的故事。荧惑即是五大行星之一的火星，在五星中也是一颗著名的灾星。所谓“荧惑守心”就是指火星运行在心宿附近，心宿所对应的国家，其国君将首当其冲地受到灾祸。所以“荧惑守心”特别受到人们的关注，帝王受到祸患，整个国家就会遭殃。当宋景公得知出现了荧惑守心的天象之后，非常担忧，便找来占星家子韦询问将要发生什么情况。子韦告诉他，荧惑守心将要发生天罚在宋景公身上，不过，还可以将这场天罚转移给他人，例如，可以移祸于宰相、人民和年成等。但是，宋景公一听，毫无自私之念，相反地，他立刻分别反驳说：“宰相，相当于我的手足股肱啊，怎能伤害他呢？”“国君是因人民而存在的，责任就是保护人民，怎能祸害人民呢？”“人民是靠岁收生活的，如果农作物收成不好，人民就会困苦。”所以宋景公选择宁愿自己来承受这个天罚。宋景公这一举动不仅没有给他带来天罚，反倒感动了天上，引起了星位移动，并且还能依星相法则，延寿二十一年。

这就是著名的“宋景公三句善言”的故事，反映了宋景公心怀天下、心怀百姓，是个仁慈的明君。但是也可以由此看出，占星家的嘴是多么地圆滑，其实他就是代表了上天的意志。

除了汉民族有占星的古老传统，在我国其他少数民族中也有大量占星的记载。如贵州《彝族源流》等典籍中，有多处载有彝族二十八宿的名称。《彝族源流》“论二十八宿星”一节记载说：“二十八宿星……跟随明月亮，普照在地上，其间的人们，结婚要测它，造屋推算它，样样都顺利，祭祀要测它，凡事都如意。二十八宿星……各有其名称。时首星，名叫金画眉。丰满星，名叫猫头鹰。日首星，名叫青豹子。日手星，名叫萤火虫。日腰星，名叫红豹子。日尾星，名叫青狼。……”意思是说，当人们在举行嫁娶、造屋、祭祀这些人生大事之前，均要选择良辰吉日，以祈万事如意。在《彝族天文学史》第三章“恒星观测”第四节中还记载了不同动物星象在吉凶上的表现：

1. 月亮通过七颗豹子星时，对牲畜不利，这应与豹子会伤害牲畜有关。

2. 当月亮通过四颗鹦鹉星时，只适宜于超度诵经和祭祖活动，做其他活动不好。这大约与鹦鹉善于学舌有关，它能把人们的意愿和思想传达给鬼神。

3. 当月亮通过熊星宿时，对人口不利，大约是熊能伤人。

4. 公犀牛利于打仗，母犀牛利于种地，大犀牛利于洗澡过河，干其他都不好。

5. 时尾星利于修屋，不宜生子。

6. 豪猪宿干什么都不好。

通过这些文献记载，我们能够知道，星占术，这门古老神秘的学问，在文明未非常发达的时代，在各个民族先民的生产生活中都是占着举足轻重的地位的。

古代用以占卜的鸟形兽

引自《中华文化简史一本通》何国松 编著 北京工业大学出版社 2012年6月第1版 第36页

一直到今天为止，无论东方还是西方，占星学或者说占星术依然有许许多多的信奉者。无论是对其神秘的追逐，还是将其视为消遣，抑或是无助时的寄托，也无论它是否真的可信，它似乎可以满足人们追求超自然的虚幻力量的愿望，人们总是抱着宁可信其有不可信其无的态度去接受这个古老的方术，这也许是占星术独特的魅力所在。不过，目前无论是哪一个国家或地区，占星学的发展，早已经与现代科学技术和信息技术相融合。我们相信，这门古老的方术也会为我们更进一步地揭开宇宙自然的奥秘提供更多价值！

短“垣”不可逾

《西游记》是我国的四大古典名著之一，可谓是家喻户晓，其中孙悟空大闹天宫的故事更是妇孺皆知。那么，这孙猴子大闹天宫与我们要说的有什么关系？这就要从故事里的“天宫”说起了。

古人将天空中的众星也看作是和地面人间社会一样相对应的社会。那么天空中星星如此浩渺繁多，如何来对它们进行认识呢？首先就是要对星空进行区域划分。于是，古人将天上难以计数的星星划分成一群一群的，每一个群里面成员的数量不等，大小不一。这样的一群群星组就是古人所说的“星官”，近似于西方所说的星座。

在星官之上还有更高一层次的划分，《史记·天官书》曾把北半球可见星空分成五大天区，叫五宫。北极附近的星空叫做中宫，除中宫外的天空区域，以春分那一天黄昏时的观测为准，按东、西、南、北分为四宫。这“中宫”就是

长城的墙垣
作者摄于2013年7月
北京八达岭

我们前面提到的“天宫”，也就是玉皇大帝执政和生活的地方了。它在天空的“中央”，是最神圣的地方。中宫也就是紫微宫或者紫微垣，它和太微垣、天市垣一起并称为“三垣”，是我国古代天文体系中重要的组成部分。

垣就是墙的意思，或者更具体一点说是矮墙的意思。《说文·土部》：“垣，墙也。从土，亘声。”段玉裁注：“此云垣者，墙也，浑言之；‘墙’下曰垣蔽也，析言之。……垣自其大言之，墙自其高言之。”段玉裁的意思就是说，笼统说来，垣就是墙的意思，但是细分之，二者还是有区别的：垣突出大，而墙突出高。

那么，古人为什么要把天上的星群叫做“垣”呢？道理很简单。我们前面说过，古人是把天空也像人间一样看做是一个社会。人间的统治者皇帝住在皇宫里面，皇宫周围有一圈厚厚的城墙保护着，天上的统治者天帝住在天宫里面，天宫周围自然也要有城墙保护。在天空中，以北极为中心，右边有七颗星排列成一条弧线，称为右枢。左边有八颗星排列成一条相反的弧线，称为左枢。这两条弧线正好围成一个像“垣”的样子。

《晋书·天文志》里面有清楚的记载：“紫宫垣十五星，其西蕃七，东蕃八，在北斗北。”古人设置三垣，先把北极星周围邻近的范围定为紫微垣，作为中宫；然后将紫微垣东北部的天空附近的一定范围划分为太微垣；再将紫微垣东南部的天空附近的一定范围划为天市垣。

紫微垣是三垣的中垣，又居北天中央，故称中宫，或称紫微宫，简称紫宫。紫微宫是天帝的宫殿。《史记·天官书》：“中宫天极星……环之匡卫十二星，藩臣。皆曰紫宫。”紫微垣共包含三十七个星座：北极、四辅、天乙、太乙、左

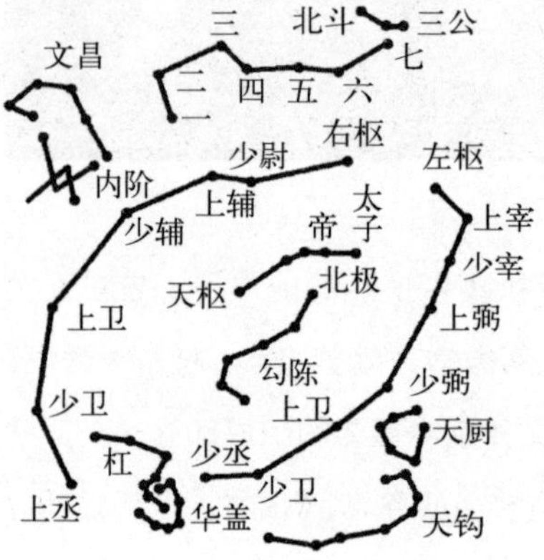

图一

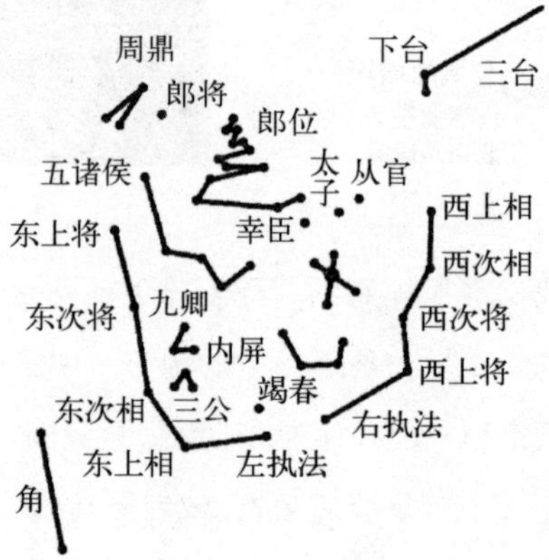

图二

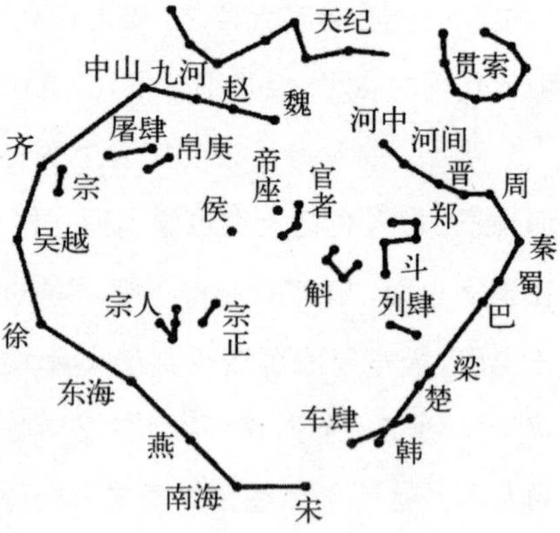

图三

图一、二、三分别为紫微垣、太微垣、天市垣

引自《星占与梦占》刘文英 著 中央编译出版社 2008年3月第1版 分别出自第40、43、46页

垣、右垣、阴德、尚书、女史、柱史、御女、天柱、大理、勾陈、六甲、天皇大帝、五帝内座、华盖、传舍、内阶、天厨、八谷、天棓、内厨、文昌、三师三公、天床、太尊、天牢、太阳守、势、相、玄戈、天理、辅、北斗、天枪。其中每个星座又包含一颗到多颗数量不等的星星，如北极（又称北极星、北辰），包括太子、帝、庶子、后宫、北极五星。左垣又包含左枢、上宰、少宰、上弼、少弼、上卫、少卫和少丞八星。右垣包括右枢、少尉、上辅、少辅、上卫、少卫和上丞七星。

由于紫微是天帝居住的地方，所以我们可以看到，紫微垣里面包含的各星座的名称以及星座里包含的星名都与人间的皇宫里面的人物和宫室有关，如尚书、女史、天厨、三师三公、天牢等。我们不得不佩服古人的想象力，这些星名真是栩栩如生，无比生动。

由于紫微垣在三垣中位置居中，地位最高，所以历来受到文人墨客的青睐，三垣中的星名也频频出现在文学作品中。楚国著名的浪漫主义诗人屈原和宋代的民族英雄岳飞都曾在他们的诗词作品中多次引用紫微垣中的星名，以抒发他们的情怀。屈原《远游》中有："经营四荒兮，周流六漠，上至列缺兮，降望大壑。"其中的"列缺"也可作"列阙"，指紫微垣之门。岳飞的《满江红》我们非常熟悉，诗词的下阕为："靖康耻，犹未雪；臣子恨，何时灭！驾长车、踏破贺兰山缺。壮志饥餐胡虏肉，笑谈渴饮匈奴血。待从头，收拾旧山河，朝天阙。"最后一句的"天阙"也是指紫微垣之门，也暗指当朝的皇宫之门，表达了岳飞的拳拳报国之心，气壮山河！

太微垣在紫微垣的东北方，它包含二十个星座：左垣、右垣、谒者、三公、九卿、五诸侯、内屏、五帝座、幸臣、太子、从官、郎将、虎贲、常陈、郎位、明堂、灵台、少微、长垣、三台。每个星座也是包含数量不等的星，如左垣又称东垣或东藩，包括左执法、上相、次相、次将、上将五星；右垣又称为西垣或西藩，包括右执法、上将、次将、次相、上相五星。《史记·正义》："太微宫垣十星，在翼、轸地，天子之宫庭，五帝之坐，十二诸侯之府也。其外藩，九卿也。南藩中二星间为端门。次东第一星为左执法，廷尉之象；第二星为上相；第三星为次相；第四星为次将；第五星为上将。端门西第一星为右执法，御史大夫之象也；第二星为上将；第三星为次将；第四星为次相；第五星为上相。”太微是政府机关的意思，我们从这些星座名和星名中也能看出来。

天市垣又名天府、长城、天旗庭、天旗，共包含十九个星座：左垣、右垣、市楼、车肆、宗正、宗人、宗、帛度、屠肆、候、帝座、宦者、列肆、斗、斛、贯索、七公、天纪、女床。《晋书·天文志》描写天市垣：“天市垣二十二星在房、心东北，主权衡，主聚众。……”意思就是说天市垣的二十二颗星在房宿与心宿的东北方向，它们主管秤权交易，主管集市商人。这样我们就明白了为什么叫“天市垣”，天市就是天上的街市、市集，我们通过天市垣所包含的星座的名字就能看出来。车肆、屠肆、列肆等就是各种商店，而斗、斛则是称量工具。看到这里，热闹繁华的街市似乎就活生生地出现在眼前了呢。《诗经·大东》“维南有箕，不可以簸扬。维北有斗，不可以挹酒浆”，说的就是斗和箕两个星官，这两句诗就像我们现在猜的脑筋急转弯的游戏一样，什么簸箕不能簸扬谷物呢？什么斗器不能斟酒浆呢？答案就是箕星和斗星啊。

其实，“垣”在《汉语大字典》的解释中还有“宫署的代称”这个义项。唐代皮日休的《七爱诗·白太傅》中有“清望逸内署，直声惊谏垣”一句，句中“垣”和“署”同义。这让我们不禁想到，紫微垣又叫紫微宫，也许古人将天上的众星分区域的时候，也是按照人间的宫署划定的，所以将星官划分成“垣”或许也有这个意思在里面。

我们上面所介绍的三垣中星官的名字和数量是目前较为公认的数据，其实古代天文学相关的众多书籍和天文学家和学派所述的星官数和分法常常不一致，有的甚至相差较多。这种情况其实对关注和研究古代相关文化的朋友们来说不足为奇。这个现象一方面反映了星座的复杂和星名的变迁,另一方面也说明了人们对星象的认识在逐渐深入,天文学知识也在不断配合新的思想在更新。

三垣的名称,似乎出现得比较晚,依现存文字记载,完整的名称提法始见于唐初的《玄象诗》。《史记·天官书》和《汉书·天文志》中尚无“天市垣”,紫微垣和太微垣也只是被称为“紫宫”和“太微”,到隋唐时代的《玄象诗》中才出现太微垣的名称,而它们三者组成三垣成为星空分划则是从《步天歌》开始的。《步天歌》,顾名思义,好像是在天空中一步一步地走着,数着星,它是将与星空划分有关的三垣、二十八宿等里面各个星座所包含的众多星名用诗歌的方式排列,便于吟读和背诵。

《步天歌》最早见于南宋郑樵编撰的《通志·天文略》,是一位号丹元子的隐士所作,即《丹元子步天歌》。一说是唐代开元年间曾任右拾遗内供奉一职的王希明所撰。还有学者认为王希明和丹元子是同一个人,丹元子就是王希明的号。同时也有学者认为,郑樵的《通志》中所引述的并不是最早版本的《步天歌》,民间或有流传更贴近早期的版本,但最早版本至今还未见,故原作者严格来说还不可考,我们只能期待新的考古发现或者民间发现了。

朋友们,我们讲了这么多关于三垣以及它们所包含的星座,不知道您对它们的名称能记住几个呢?那么我来出个题考考大家吧。我们知道鲁迅有首名叫《自嘲》的小诗:

运交华盖欲何求,未敢翻身已碰头。
破帽遮颜过闹市,漏船载酒泛中流。
横眉冷对千夫指,俯首甘为孺子牛。
躲进小楼成一统,管他冬夏与春秋。

其中第一句中包含了哪一个星座名?它又是属于三垣中的哪一垣呢?

〖万“象”更新〗

汉语中，“四象”一词的义项很丰富，但在天文学意义上则是指天空中东、北、西、南四个方向的星象，即东方苍龙，北方玄武，西方白虎，南方朱雀。这是古人将天赤道、黄道附近的恒星划分为二十八宿后，又将其分为四组，每组七个星宿，各组以七个星宿组成的图案来想象附会成一种动物图像。这一意义上的“四象”，古人又或称之为“四灵”或“四神”。

根据考古发掘，更早时期的古人可能只是将天空划分为两部分，即两象，并分别附会以龙、虎的形象。1978年，在湖北随县擂鼓墩发掘出的战国早期曾侯乙墓中，其棺盖上用漆书画的星象图，盖面的中央是一个占比例最大的篆文体“斗”字，占了整个画面的三分之一；“斗”的周围是二十八宿的名称；盖面两端绘有头尾方向正好相反的青龙、白虎。

1987年在河南省濮阳县（今名濮阳市）西水坡文化遗址的一座距今6 000

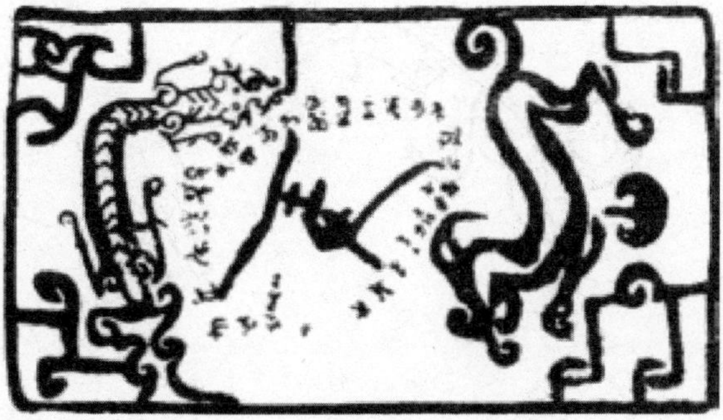

湖北曾侯乙墓出土的二十八宿漆箱盖摹本
引自《中国古代天文历法》李东生 编著 北京科学技术出版社 2009年4月版 第11页

多年的墓葬中发现有用蚌壳摆放的龙、虎形象，其方位恰与后来四象中“东方苍龙、西方白虎”的说法一致。这两次的考古发现应该能够说明早期的古人将星空只是划分为两象。而这又可能是与上古时期古人只将一年分为春秋两季密切相关。随着四季概念的形成，古人才逐渐产生了四象的划分，并分别用龙、虎、鸟、龟四种动物形象来表征它们。

“象”字的出现非常早，早期的字形就是一个纯粹的象形字，甲骨文写作或作，金文写作或作。就字形而论，可以看得出，甲骨文、金文中的“象”字，不管是繁复的字形，还是简单而线化了的字形，都是象大象整个身体的形状：长长的鼻子、硕大的头部、巨大的身体。这显然不同于其他种类的陆地动物，即使在后来的逐渐变化了的线条化字形，大象的长鼻之形依然醒目。

到了战国时期的《鄂君启车节》上“象”字写作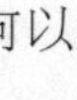，字的上部犹存象之头、鼻形，下部变作。商承祚《鄂君启节考》说：“何以从，古文字刻划兽类的身体，甲骨文多作或，金文多作或，节文作，殆由甲骨文形而讹误。”

秦始皇“书同文”统一了文字之后，所颁行的规范化了的小篆“象”字写

东方苍龙之象

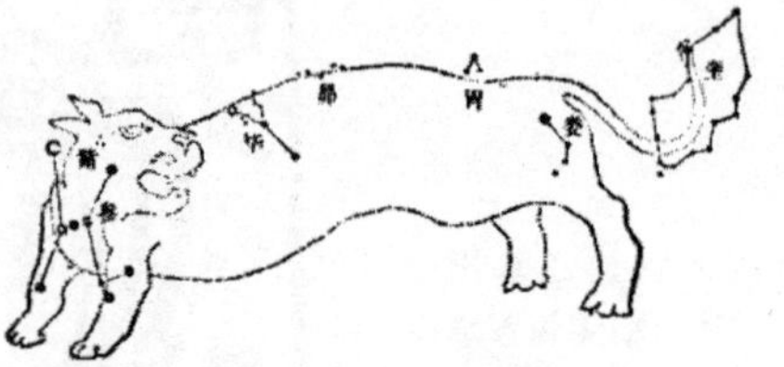

西方白虎之象

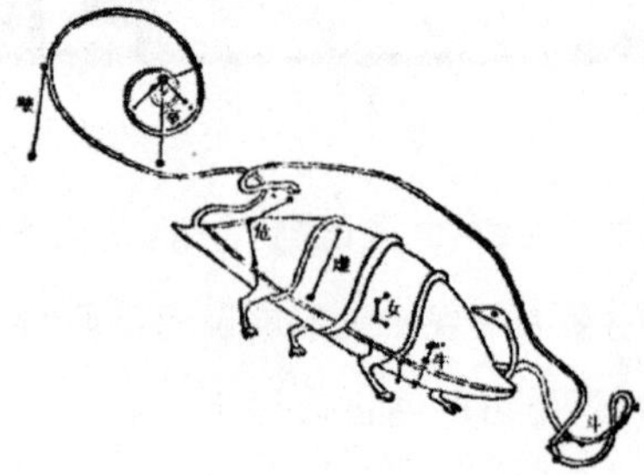

北方玄武之象

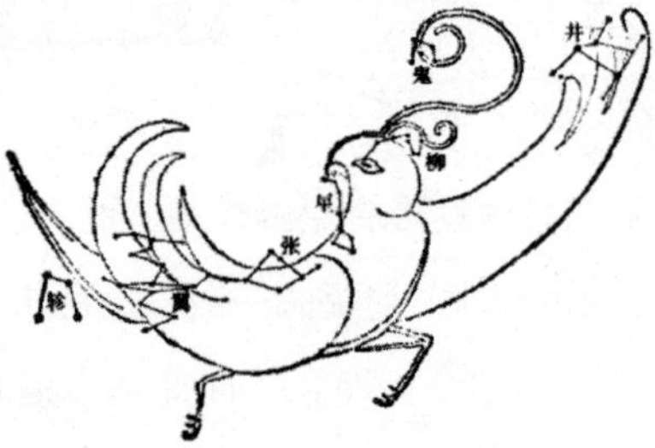

南方朱雀之象

四象二十八宿图

引自《认星识历：古代天文历法初步》郑慧生 著 河南大学出版社 2006年4月第1版 38—39页

作象，虽形象已然全非，但文字构形还保持了甲骨文、金文的基本形体，大象的长鼻、硕首之形还是残存其间。今楷书写作“象”，除了笔画之间更为方正外，基本沿袭了小篆的写法，依然突出的是大象的长鼻这一特征。

“象”字的本义为兽名，即“大象”，这是没有疑义的，字形与字义之间的联系非常清楚。所以，许慎《说文》解释说：“象，长鼻牙，南越大兽，三年一乳。象耳牙四足之形。”《汉语大词典》的解释是：“兽名。是陆地上现存最大的哺乳动物，耳朵大，鼻子长圆筒形，能蜷曲，多有一对长大的门牙伸出口外，全身的毛很稀疏，皮很厚。吃嫩叶和野菜等。现产于我国云南南部、印度、非洲等热带地方。有的可驯养来驮运货物。”古文献中，“象”字的这一用例也不少。如,《左传·襄公二十四年》:“象有齿以焚其身,贿也。”《吕氏春秋·古乐》:“商人服象,为虐于东夷。”《山海经·南山经》:“祷过之山,其上多金玉,其下多犀、兕,多象。”郭璞注:“象,兽之最大者。”

许慎《说文》关于“象”字的说解基本没问题,只是其中的“南越”二字,似乎否定了古代的中原地区有大象的存在。对此,罗振玉在其《增订殷虚书契考释》卷中说:“今观篆文,但见长鼻及足尾不见耳牙之状,卜辞亦但象长鼻。盖象之尤异于他畜者其鼻矣,又象为南越大兽,此后世事,古代则黄河南北亦有之。‘为’字从手牵象,则象为寻常服御之物。今殷墟遗物有镂象牙礼器,又有象齿甚多(非伸出口外之二长牙,乃口中之齿),卜用之骨有绝大者,殆亦象骨。又卜辞卜田猎有获象之语,知古者中原有象。至殷世尚盛也。王氏国维曰:《吕氏春秋·古乐篇》商人服象为虐于东夷,周公乃以师逐之,至于江南。此殷代有象之确证矣。”

古代中原地区存在大象,已无须再加证明。这里需要稍加说明的是,“为”字繁体作“爲”,甲骨文写作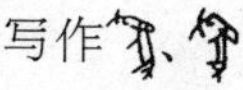,金文写作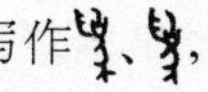,构形均从爪从象,会手牵象鼻之意,所以罗振玉有“‘为’字从手牵象”之语。据《金文形义通解》,金文中的“象”字或用作“为(爲)”,应当是“为(爲)”字的省形。“为(爲)”字构形本来是从爪牵象,或书写者偶然疏误,或一时习惯,省去爪形,则与“象”字同形。“象”字的这一使用现象,或许也能够佐证罗振玉“古时中原有象”的推断(说法)。

“象”字由“兽名,大象”之意引申为象牙的省称。之所以能引申出象牙之义,显然是因为象牙的材质很好。《尔雅·释地》:“南方之美者,有梁山之犀象焉。”晋人郭璞注:“犀牛,皮、角;象,牙、骨。”宋人邢昺疏:“犀、象二兽,皮、角、牙、骨,材之美者也。”《楚辞·离骚》:“为余驾飞龙兮,杂瑶象以为车。”王逸注:“象,象牙也。”《史记·宋微子世家》:“纣始为象箸,箕子叹曰:‘彼为象箸，必为玉杯。’”《礼记·玉藻》：“笏，天子以球玉，诸侯以象。”文献中的这些“象”字均意为“象牙”。“象”字的“象牙”之义在后世基本上消失了，很少使用。

在后来的词义引申发展过程中，“象”字又引申有形象之义。汉语词义引申发展的规律，通常是由具象到抽象、由个性到共性。“象”字词义的引申发展也不例外。如《易·系辞上》：“在天成象，在地成形。”孔颖达疏：“象谓悬象，日月星辰也。”《尚书·说命上》：“乃审厥象，俾以形旁求于天下。”孔传：“审所梦之人，刻其形象。”《文选·傅毅〈舞赋〉》：“其始兴也，若俯若仰，若来若往，雍容惆怅，不可为象。”李善注：“象，形象也。”鲁迅《华盖集续编·记念刘和珍君》：“惨象，已使我目不忍视也。”今天我们依然有“天象”“星象”“万象更新”等词。

又引申出相貌、肖像之义。如《尚书·尧典》：“静言庸违，象恭滔天。”孔传：“言起用行事而违背之，貌象恭敬而心傲很若漫天。”晋人潘岳《寡妇赋》：“上瞻兮遗象，下临兮泉壤。”《晋书·顾恺之传》：“(顾恺之)尝图裴楷象，颊上加三毛，观者觉神明殊胜。”巴金《亚丽安娜·渥柏尔格》：“于是一个早晨，吴突然被传到警察厅去……给人强迫着打了手印，照了象，限期三天内离开法国。”

又引申有相似、好像之义。如《周髀算经》卷下：“天象盖笠。”唐人李白《古风五十九首》之三：“额鼻象五岳，杨波喷云雷。”明人归有光《见南阁记》：“夫海旁蜃气象楼台，广野气象宫阙，云气各象其山川。”鲁迅《呐喊·故乡》：“多子，饥荒，苛税，兵，匪，官，绅，都苦得他象一个木偶人了。”

“象”字词义的引申：由“大象”→“形象”→“相貌、肖像”→“相似、好像”的过程似乎与汉语中的其他词汇稍有不同，令人费解：其内在的联系或逻辑是什么？估计读者朋友也会生出类似的疑问。其实，古人也试图对此作出合理的解释。《韩非子·解老》就说："人希见生象也，而得死象之骨，案其图以想其生也。故诸人之所以意想者，皆谓之象也。今道虽不可得闻见，圣人执其见功以处见其形，故曰：'无状之状，无物之象。'"《韩非子》中的这一段话，南唐徐锴《说文解字系传》"像"字下云："韩子曰：象南方之大兽，中国人不识，但见其画，故言图写似之为象。"显然只是一个意思的概括而不是原文的摘引。韩非子的这一说法未必真的符合事实，但对于我们理解"象"字的词义引申轨迹或许有些许帮助。

说到"象"字，自然得说说"象"与"像"的关系。

"象"与"像"是两个音同且形近义亦近的字。大概从"像"字产生之日起，"象"与"像"就开始了混用的旅程，一直到现在，可谓是由来已久。相信读者朋友都会有切身的感受。"象""像"二字的混用主要集中在"象"字的引申义"形象""肖像"等身上，诸如，是"形象"还是"形像"、是"画象"还是"画像"、是"好象"还是"好像"，等等。

"像"字的出现比较晚，大约在战国时期，目前所能见到的最早的字体是战国楚帛书，写作，其文写道"天像是则，成惟天□，下民"，其中的"天像"应当就是"天象"。

就二字的渊源关系来说，因产生的时间有先后之别，"象"与"像"是一组古今字。除去"象"之"大象"之义外，在"形象""肖像""相似"等义上，"象"是古字，也可以说是正字，而"像"是在古字的基础上增加形旁"人"而产生的后起形声字，也就是今字。

"像"字的产生，本来应该是为了承担"象"字的"形象""肖像""相似"等引申义的，然而在其产生后，又并没有完全接过其该承担的职责，从而导致古文献中二字的混用，直到现在依然如此。许慎《说文》说："像，象也。"以"象"释"像"，显然是混用的具体表现。这其中究竟是许慎的《说文》原本就是如此，还是在后世的传承过程中被后人窜改，不得而知。所以，段注本改作“像，似也”，并注：“各本作‘象也’，今依《韵会》所据本正。……凡形像、图像、想像字皆当从人，而学者多作象，象行而像废矣。”《广韵·养韵》：“像，似也。”二字的混用由此亦可见一斑。

20世纪50年代，本着简化而又规范使用汉字的宗旨，《汉字简化方案》颁布了，其中就规定以“象”代“像”。1964年公布的《简化字总表》将“像”作为“象”的繁体字处理，其意义全部由“象”来表示，但同时又注明“象和像意义可能混淆时，仍用‘像’字”。所以在此之后出版的词典仍然保留了“像”字，但是只有“人像、画像、雕像”含义，也就是说，只有在涉及“人像、画像、塑像”等情况时，才用“像”，其余都用“象”。1986年重新公布的《简化字总表》又恢复了“像”的规范字地位，重新将两字以及它们的意义明确分开。问题至此似仍未结束。2001年10月18日，全国科学技术名词审定委员会和国家语言文字工作委员会在中国科学院召开了“‘象’与‘像’用法研讨会”。两委为明晰二字的规范使用而召开专题研讨会，这在汉语言文字发展史上恐怕是不多见的。该会议对“象”“像”二字的用法作出明确的界定：“象”指自然界、人或物的形态、样子；“像”指用模仿、比照等方法制成的人或物的形象，也包括光线经反射、折射而形成的与原物相同或相似的图景。并列出了两字的语词搭配实例。至此，“象”“像”二字的使用总算是有了规范和依据。

简单地说了说“象”与“像”之间的界限，接下来似乎还得再说说“像”与“相”的关系。本来，“像”与“相”是“八竿子都打不到一起”的、毫无联系的两个字，但是在后来的词义引申发展的过程中，它们之间却有了交集。查阅《汉语大词典》，我们发现其收录的词中，“相似”也可写作“像似”或“象似”、“相片”可作“像片”、“相貌”可作“像貌”或“象貌”、“照相”可作“照像”、“形象”或“形像”可作“形相”、“真相”或作“真象”，等等，在容貌、相貌等意义上，二字常常混用或互用。

“相”是个多音字，表示“互相”“一方对另一方有所动作”等义时读xiāng，不会跟“象”“像”相混。“相”字另一个读音是xiàng，与“象”“像”二字的读音（xiàng）完全相同，这是引起混淆的前提。然而，起关键作用的恐怕是“相”字在“省视，察看”这一本义的基础上引申出了“相貌”“模样”“相片”等义项后，与“像”（象）的“形象”“肖像”“相似”诸义项产生了交集，也就有了“相似”作“像似”之类的混用不清。

今天，《汉语大词典》等工具书依然同时保留“照像”“照相”等同一词语的不同写法，只不过是承认大多数人的书写习惯而已。

日穷于“次”

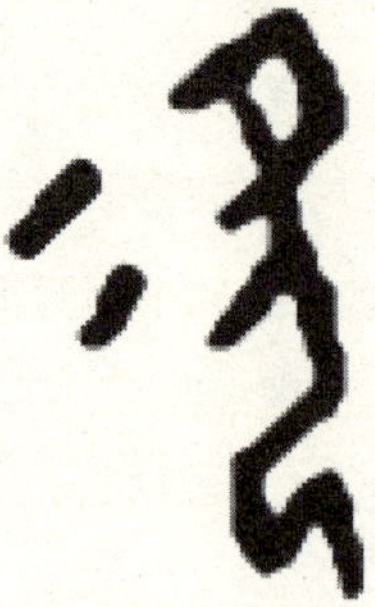

《大戴礼记·曾子疾病》中有这样的说法：“与君子游，苾乎如入兰芷之室，久而不闻，则与之化矣；与小人游，贷乎如入鲍鱼之次，久而不闻，则与之化矣。”这几句话的意思就是说：如果和道德高尚的人生活在一起，就像进入充满兰花香气的屋子，时间长了，就闻不到兰花的香味了，是因为自己本身也因熏陶而充满香气；相反，和素质低劣的人生活在一起，就像进了卖鲍鱼的市场，时间一长，连自己都变臭了，也就不觉得鲍鱼是臭的了。这里的“次”是指市肆，和“肆”同义，因此也作“鲍鱼之肆”。

这里“次”的意思是不是和我们一般所熟知的不太一样呢？今天我们就要来说一说大家知道的和不知道的“次”。

次，古文字写为，《说文》小篆写作“”。《说文·欠部》讲：“次，不前不精也。从欠，二声。”《说文》认为“次”是个形声字，所从“欠”是形

旁，所从“二”是声旁；字有“不前”“不精”两个意思。王筠句读：“不前者，逗留不进也。精者，择也。不择，则粗，是次也。”王筠将次字的两个意思讲得更详细清楚了。不过，对《说文》中“次”字是形声字的说法，一直都有不同意见。段玉裁认为次是“从欠从二”的会意字，朱骏声通训定声也认为次当是会意字：“从欠从二，会意，二亦声。”

要对这个问题有更进一步的认识，我们就要先从字形入手，对“次”字所从的两个部分一探究竟。不太关注古文字的朋友们可能刚才就疑惑了，“次”字不是“两点水”旁吗，怎么会是从“二”呢？其实，我们现在所见到的宋体楷书“次”是文字字形规范后的结果，不仅和前面所列的古文字形相去较远，和规范前的字形也略有不同。它的旧字形写作“次”，可以看到左边更像是“二”，而台湾的写法则更明显写作“次”，清清楚楚地从二从欠。

现在我们的楷书中的“冫”实际上是“冰”字，古文写作“仌”，后来写作“冰”。“仌”是个象形字，象水凝结成冰的纹理。

“次”所从的另一部分“欠”，是个象形字，甲骨文写作“”或“”，是人仰头张口的样子。《说文》：“欠，张口气悟也。象气从人上出之形。”王筠释例：“人之欠伸，大抵相连印首张口而气解焉。气不循其常，故反之以见意也。”也就是指人疲倦时张口打呵欠。《说文》小篆作“”，上面是“气”，下面是“人”，意义更加明显。

“次”字由这最基本的两个义素，引申出了很多义项。

“不前”意即停驻不前行，引申为驻留，止歇。多指军队驻扎，也特指行军至某处留驻三宿以上。如《左传·庄公三年》：“凡师一宿为舍，再宿为信，过信为次。”即为军队行一天而息称为舍，两天而息称为信，三天而息称为次。也指一般的留宿、停留。停驻的义项不仅指人的活动，在古代，“次”还特指行星运行时止宿之所，这就是为什么要将“次”放在我国古代天文学的范畴里。

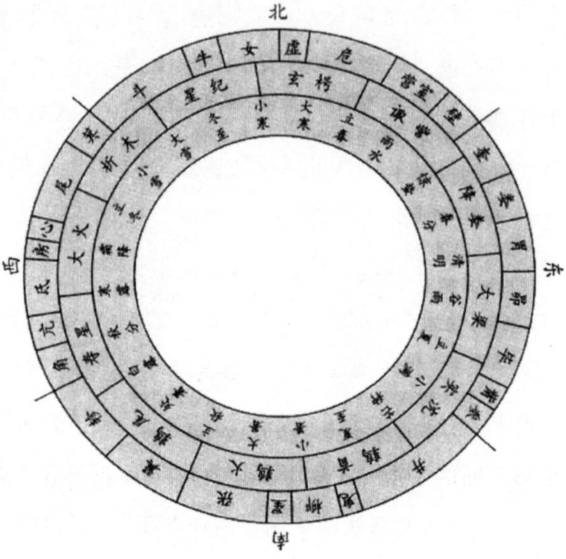

十二次和二十八宿二十四节气对应图

引自《中国古人论天》周桂钿著 中央编译出版社 2008年3月第一版 第132页

我国古代天文学中有"十二次"的说法，是指行星经过星空时所暂居的十二个处所。古人自西向东将黄道带平均分成十二个等分，这十二个等分，就叫十二次。古人还给每一次都取了名字，十二次分别为：星纪、玄枵、娵訾、降娄、大梁、实沈、鹑首、鹑火、鹑尾、寿星、大火、析木。十二次的创设以及各次名称的确定并不是一蹴而就的，而是一个比较漫长的过程，初创的时间很早，后来又历经了各时代的不断完善。

十二次的最初创设是为了观测木星，也即是岁星的运行情况。我国古代的天文学家很早就观测到木星的运行周期是十二年一周天。十二次也变成了地球上观测木星的周年视运动，木星每经过一次，即为一年，十二年就走一周。后来十二次也用来观测一年中太阳所在的位置及五星的运行情况，用以确定节气的变换情况。因此，据天文学家的推测，我国十二次的初步整理完善，可能是在战国中期，因为当时我国古天文学家已经观测到了木星的这一运行规律并且对五星的观测也极为重视。但是十二次的各次名称的确定，学者们则认为可能是在汉代。

据学者研究，《汉书·律历志》中首次出现了完整的十二次体系名称。班固在《汉书·律历志》中把十二次配合着二十八宿来记载，即把东方七宿角、亢、氐、房、心、尾、箕配寿星、大火、析木；北方七宿斗、牛、女、虚、危、室、壁配星纪、玄枵、娵訾；西方七宿奎、娄、胃、昴、毕、觜、参配降娄、大梁、实沈，南方七宿井、鬼、柳、星、张、翼、轸配鹑首、鹑火、鹑尾。

自十二次创设以后，古人对它的利用，不仅仅是在我们前面所说的观测木星和日、月五星，并以此来确立节气方面，古人还将其用于授历和纪年。如太阳在星纪，则大雪、冬至；太阳在玄枵，则小寒、大寒，在诹訾，则立春、惊蛰等。因为木星也叫岁星，我们还经常在古文献中看到“岁在玄枵”“岁在鹑火”等的说法，就是十二次在岁星纪年方面的应用。它的道理也非常简单实用，因为黄道周天被分成了十二份，所以如果这一年木星舍止在某次，就记载为“岁在某某”。不过由于木星的运行周期并不是整十二年，所以时间一长就要重新调整纪元年，也有许多不便，后来也渐渐不用这种方法纪年了。明朝末年徐光启等人曾将西方的黄道十二宫纪年引入中国古历法中来，使得中西历法混用纪年。

中国的十二次和西方的十二宫很相似，它们的创设的目的和应用的方法相类同。但是中国的十二次是为了记载木星的运行情况，而西方的十二宫则是为了表示太阳的运行情况。并且两者划分的起讫界限也不一样，十二次是从星纪起算，也就是从冬至点开始的，而十二宫是从白羊宫也就是春分点开始的。所以这两种系统相类似却不太一样。

十二次	黄道十二宫	十二次	黄道十二宫	十二次	黄道十二宫
星纪	摩羯宫	玄枵	宝瓶宫	娵訾	双鱼宫
降娄	白羊宫	大梁	金牛宫	实沈	双子宫
鹑首	巨蟹宫	鹑尾	室女宫	寿星	天秤宫
大火	天蝎宫	析木	人马宫		

十二次与西方黄道十二宫对应表

在中国古代的天文历法系统中，十二次体系和其他诸如二十八宿体系、四象体系、十二辰体系等都有千丝万缕的联系，也体现了天文学的广博，和古代哲学、自然科学等密不可分。前面我们已经提到过，《汉书・律历志》曾将十二次同二十八宿联系起来。

十二次在天球上自西向东称为“右行”，始于星纪。它又同十二辰或十二支相配合，而十二辰却是自东向西的，方向与十二次相反，称“左行”。据《淮南子》及《史记》，其对应关系如下：

寅	卯	辰	巳	午	未	申	酉	戌	亥	子	丑
析木	大火	寿星	鹑尾	鹑火	鹑首	实沈	大梁	降娄	娵訾	玄枵	星纪

郭沫若曾认为十二次是从十二辰转变而来的，且当是刘歆所制定的。关于这些古老的纪时纪年的系统和方法，它们都经历了几千年的演变和发展，其中的渊源和错综复杂的关系有很多我们已经不可考，或者学界各家有各家的说法，莫衷一是。我们所提供给大家的也只是相对公认的说法，若有读者朋友被引起注意并进行相关考察而得到更加准确的说法，那是我们所迫切需要的，也是意外收获。

我们前面所说，内容颇多，但实际上只是从“次”的其中一个基本义素“不前”出发所引申的。接下来我们要接着看《说文》所告诉我们的，它的另一个基本义素“不精”是如何发展的。

前面我们讲到，王筠的《说文句读》中云："精者，择也。不择，则粗，是次也。"不精，也即是次等的、质量较差的意思，例如我们常说那些质量比标准差的产品是"次品"。所以"次"往往表示比好的要降一等级。

在质量上表示比好的低一等级，那么在顺序上就表示在前项之后。如《左传·襄公二十四年》："太上有立德，其次有立功，其次有立言。"《孟子·尽心下》："民为贵，社稷次之，君为轻。"也表示第二，第二的，副的、亚的。《字汇·欠部》："次，亚也。"

与此义项相关的如古人将对日月星辰、五岳等的祭祀称为"次祀"，因其仪式次于祭天地、宗庙的大祀，故称。"次事"，指由卿、大夫等执行的次要之事。"次相"指副丞相；"次妻"指妾；"次息"指二儿子；"次赏"指第二等奖赏。

也引申为次序、顺序。《玉篇·欠部》："次，叙也。"这里要注意的是，"次序"和"次叙"是不同的，严格说来不能相混。"次序"是我们日常所说的顺序，而"次叙"则是指市场中的管理处和商肆行列。不过后来"次叙"也偶见与"次序"相混用的地方，以至于"次叙"也有了顺序的义项。

我们查《汉语大字典》的话，会发现"次"的义项有二三十个之多，看似繁多，其实细审之则可分类识别。上文我们从"次"的两个最主要最基本的义项出发，由引申而得一系列义项，也多是最主流的用法。其实"次"还有一些其他用法，有我们熟悉的，如表示回数的量词"次"；还有不为大家所熟悉的用法，如它还表示古代一种发饰，古时以受髡刑者或贱民的头发编成髻，供贵族妇女饰用。在《周礼·天官·追师》中载有："掌王后之首服，为副编次。"郑玄注："次，次第发长短为之，所谓髲髢也，服之以见王。"

啰啰唆唆说了这么多，主要是因为对文字的喜爱和敬畏之情溢于言表，不敢造"次"。希望读者不要觉得是"次"品才好，不然，这"次"第，怎一个"窘"字了得！

星宿专访

〖天有“宿”度〗

“二十八宿”，在中国传统的天文学上是一个非常重要的术语。

就现有的文献资料来看，“二十八宿”的概念，最早出现于《周礼》一书之中。《周礼·春官》说：“冯相氏掌十有二岁，十有二月，十有二辰，十日，二十有八星之位。辨其叙事，以会天位。”《周礼·秋官》又说：“……以方书十日之号，十有二晨之号，十有二月之号，十有二岁之号，二十有八星之号，悬其巢上，则去之。”这其中的“二十有八星之位”“二十有八星之号”，说的就是“二十八宿”。

读者朋友或许会问，为什么“二十八宿”是“二十八”而不是其他什么数字呢？这一数字又是怎么来的呢？说起来，这一数字的来历与月亮还有着密切的关系呢。

远古时代，古人是全凭肉眼来观测星象的。在对星象进行长期观察之后，古人发现，天球上除了几颗行星在有规律地运行外，其他的星星彼此之间的位置是恒久不变的，于是就把这些位置不变动的星星命名为“恒星”。在古人看来，恒星虽然是“东升西落”，但在天球上所构成的星座图面却是没有变化的。于是，古人就以恒星为背景，来观测日、月、五星的运行规律。

早在3 000年前或许更早的时候，我们的祖先就已经注意到，月球在天空中连续两次通过某一恒星或者说在天球上运行一周所需要的时间，大约是27.321 66日，这个时间也就是天文学上所说的“恒星月”。换个角度说，如果视月球为不动，那么每个恒星绕它一周的时间，也是27.321 66日，约为二十八日。太阳的视运动是顺着黄道旋转的，它绕月球一周的时间也是二十八天。假设太阳一天一休息，就会在黄道上留下二十八个休息点。这些点，是太阳运转休息的地方，俗语说的停脚处。因为日、月、五星运行于黄道、赤道附近天域，而为了更好地观测它们的运行规律，古人就将附近星空划分为28个区域，并沿着黄道自西向东在每一停脚处附近各找一个星座，用这星座的名字来分别命名。这二十八个停脚处就叫做二十八宿。月亮每天约走一宿，土星每年移动一宿，宿就是日、月、五星所停留的地方。

古人又将二十八宿分成了四组，每组七个星宿，并以其七个星宿组成的图案来附会成一种动物图像，称作四象。从角宿开始自西向东排列与日月五星视运动方向相同，依次为东宫苍龙七宿（角、亢、氐、房、心、尾、箕）、北宫玄武七宿（斗、牛、女、虚、危、室、壁）、西宫白虎七宿（奎、娄、胃、昴、毕、觜、参）、南宫朱雀七宿（井、鬼、柳、星、张、翼、轸）。二十八宿的划分几乎占了整个天球。宋人朱熹在《朱子语类·理气篇》中解释二十八宿时就说：“天无体，只二十八宿便是天体。日月皆从角起，天亦从角起。”也就是说，二十八宿体现了整个天球的形体。

古人分周天为三百六十五又四分之一度，配合二十八宿，每一宿各占若

永乐宫壁画白描二十八宿星君(选)

选自《永乐宫壁画白描》刘建平主编，范金鳌临摹 天津人民美术出版社 1998年1月第1版 第71—74页

干度。《素问·离合真邪论》说："夫圣人之起度数，必应于天地。故天有宿度，地有经水，人有经脉。"《宋书·律历志中》说："至元和二年，《太初》失天益远，宿度相觉浸多，候者皆知日宿差五度，冬至之日在斗二十一度，晦朔弦望，先天一日。"这其中的"宿度"指的就是天空中标星宿位置的度数。

二十八宿的创设之初是用来判断季节的。黄昏的时候，如果某一象出现在东方地平线上，便知道与之相关的某一季节的到来。比如，每年二月初的黄昏，苍龙七宿的第一宿——角宿从东方地平线上出现，这时整个苍龙的身子还隐没在地平线以下，所以民间就有"二月二龙抬头"的说法。由于岁差的原因，现在角宿出现于东方已推迟到三月以后。古人关心"龙抬头"，是因为二月与农业生产有着密切的关系，"二月二，龙抬头，大仓满，小仓流"，表现的就是人们对丰收的渴望。

既然说到了“二十八宿”，自然就得说说“宿”字。

“宿”字的出现很早，甲骨文写作、，构形由两个部分组成：一是或，即“人”字；二是或，像簟席之形，应当是簟席的初文。古文字构形常常左右、上下不分，所以，“宿”字的构形或从人在簟席之旁或在簟席之上。人在簟席之旁或在簟席之上，显然有止歇之意。罗振玉《增订殷虚书契考释》说：“卜辞从人在旁或人在上，皆示止意。”在后来的文字发展变化过程中，“宿”字构形中的或，字形讹变而写作了“丙”或“㐁”，容庚《金文编》就说：“许书从㐁、丙，乃由传写之讹。”唐兰《古文字学导论》也说：“字象簟形，即丙字。”“丙”就是“席子”，《广雅·释器》说：“丙，席也。”这一字义也印证了“”向“丙”的变化。甲骨文中的“宿”字后来又或增加一个“宀”符，写作、。构形从宀的字，都和房屋有关，所谓“凡宀之属皆从宀”。“宿”字构形又增一“宀”符，止歇于房屋之内的意思就非常清楚，而这一文字构形也成了后世金文、小篆、楷书等字体中的“宿”字所本。

金文中的“宿”字写法稍微复杂些，或径直写作、，与甲骨文的相同，应当是“宿”字的省形；或写作、、，构形从宀从人从丙，与甲骨文的、一致。或写作、，构形从宀、莧声；又或写作，从广、莧声，应当都是“宿”字的异构，只不过是在后世的文字发展过程中，这两种写法的“宿”字均未能传承下来。古文字构形从广从宀，意思相近，可以相通。“广”作为构形偏旁，其音为yǎn，意思是依山崖建造的房屋。《说文·广部》说：“广，因广为屋，象对刺高屋之形。”清人徐灏《说文解字注笺》说：“因广为屋，犹言傍岩架屋。此上古初有宫室之为也。”而俗称宝盖头的“宀”，其音读为mián，本指古代的一种房屋，《说文·宀部》说：“宀，交覆深屋也。象形。”清人段玉裁《说文解字注》说：“古者屋四注，东西与南北，皆交覆也。有堂有室，是为深

屋。”甲骨文作，即象房屋之形。正因为“宀”“广”二字意义相同，所以用作形旁时，二者意义也相通，从宀构形的字或写作从广。比如，“宅”，或从广作“庑”；“宇”，或从广作“庌”；“寓”，或从广作“庽”。

小篆“宿”字写作，楷化后写作“宿”，除了将甲骨文、金文字形中的或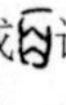讹变作丙外，基本没有大的变化。楷书后的“宿”又进一步将“丙”讹变作“百”，已基本看不出簟席之意了。除此之外，就字形而论，我们可以看出，从甲骨文、金文到小篆，乃至今天所用的楷书，几千年的发展，“宿”字的主体结构基本都是从宀从人从丙，一脉相承，几乎没有什么大的变化。

“宿”字的本义为夜晚睡觉或过夜，这应该是没有疑义的，其文字构形从宀从人从丙的本身也能说明这一点。所以，东汉许慎《说文解字》就说：“宿，止也。”《玉篇・宀部》也说：“宿，夜止也。”传世文献依然保留了“宿”字的这一用法。如，《诗经・卫风・考槃》：“独寐寤宿。”朱熹注：“寤宿，已觉而犹卧也。”《楚辞・东方朔〈七谏・初放〉》：“块兮鞠，当道宿。”王逸注：“夜止曰宿。”《乐府诗集・梁鼓角横吹典・木兰诗》：“旦辞爷娘去，暮宿黄河边。”

由夜晚睡觉或过夜之义引申有居住之义，进而又引申指住宿的地方。这一义项与“舍”字同义，“舍”字本义为客馆。《说文》：“舍，市居曰舍。”段玉裁注：“《食部》曰：‘馆，客舍也。’客舍者何也，谓市居也……此‘市’字非买卖所之，谓宾客所之也。”又引申指处所、住宅。《玉篇・亼部》说：“舍，处也。”《广韵・祃韵》：“舍，屋也。”《周礼・天官・叙官》：“掌舍。”郑玄注：“舍，行所解止之处。”又引申指星宿运行所到之处。

其实，早期的“二十八宿”名称，只写作“二十八舍”。如，《史记・律书》说：“七正，二十八舍。”唐人司马贞《史记索隐》对此注解：“二十八宿，七正之所舍也。舍，止也，言日月五星运行，或舍于二十八次之分也。”对二十八舍与日月五星的运行之间的关系作了叙述。在《史记・天官书》中的大多数场合均使用“二十八舍”，但也偶尔出现“宿”的字样。《汉书・天文志》中“宿”字出现的频数有所增加，直到《晋书・天文志》中两者仍有交替使用。这以后就很少再使用“二十八舍”了。在“二十八宿”名称上之所以有先“舍”后“宿”之别，就是因为“宿”“舍”二字的同义。今天我们仍然有“宿舍”一词，就属于同义连用，指机关、企业、学校等供职工、学员等住宿的房屋。

“宿”字自从引申有素来、积久之义后，就开始与“夙”“素”二字有了交集而相混。

“夙”字甲骨文作，像人跪于月下，以示披星戴月劳作，有“早”意。小篆作，将甲骨文中的“月”写作了“夕”，古文字中夕、月同字。所以，《说文》说：“𡖍，早敬也。从丮。持事虽夕不休，早敬者也。㐰，古文夙，从人、囟。𠈃，亦古文夙，从人、西。宿从此。”胡光炜《说文古文考》说：“象人执事于月下，侵月而起，故其谊为早。”商承祚《说文中之古文考》说：“㐰、𠈃实宿之初字……象人在席旁。”可见“宿”“夙”二字的相混有多深，以致我们翻检《汉语大词典》后会发现，以“宿”“夙”二字构词时，许多词汇既可写“宿”亦可写“夙”。如：“宿世”亦作“夙世”、“宿生”亦作“夙生”、“宿因”亦作“夙因”、“宿志”亦作“夙志”、“宿命”亦作“夙命”、“宿怨”亦作“夙怨”、“宿根”亦作“夙根”，等等。

再到后来，“宿”不仅与“夙”相混，与“素”也有了交集。所以，今天的我们在写“宿仇”或“宿愿”时常常是举棋不定，莫衷一是，甚是苦恼。查阅工具书或文献时，我们会发现，“宿仇”既可以写作“夙仇”，也可以写作“素仇”，并且意思相同，都有“旧仇”“蓄积已久的仇恨或积怨已久的仇人”的意思；“宿愿”既可以写作“夙愿”，也可以写作“素愿”，意思也相同，都是“平素的愿望”的意思。

语言总是随着社会的发展变化而发展变化，或词义引申，或词性分化。

为了更好地区分从原词分化出来的新词，古人常常通过改变字（词）的读音来区别词义或词性。如，“美好”的“好”读上声（hǎo），而“爱好”的“好”则改读去声（hào）。或许是意识到了“宿”“夙”“素”相混所带来的不必要的烦恼，古人针对“宿”字下不同词义的读音也作了区别处理。发展到今天，“宿”已经是一个多音字。凡是与星辰、星座、星宿有关的词义读xiù音；凡是用作量词，用以计算夜，则读xiǔ音。除此之外的其他义项均读sù音，这也是“宿”字的主体读音。词是音与义的结合体，不同的音，其词义自然是不相同的。“宿”字的多音现象，既与“美好”“爱好”之类的“破读”以区别词义相似，恐怕也与为了避免再产生“宿愿”“夙愿”“素愿”或“宿仇”“夙仇”“素仇”之类的相混有关。

【东“壁”余光】

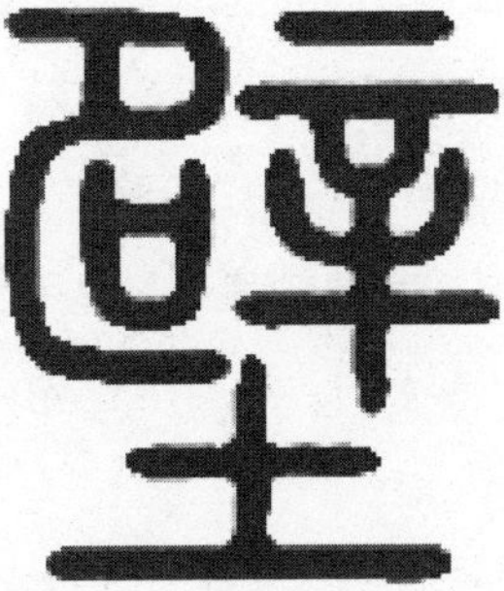

东壁图书府，西园翰墨林。

诵诗闻国政，讲易见天心。

位窃和羹重，恩叨醉酒深。

缓歌春兴曲，情竭为知音。

——唐·张说《恩制赐食于丽正殿书院宴赋得林字》

古人为了方便记忆而将天球划分成若干个区域，中国人叫星宿，外国人则多称作星座。绝大多数的星宿名称都是以地上的人名、物名或动植物名来命名的，壁宿的命名也不例外。

壁宿是指北宫玄武七宿中的第七宿，由两颗星组成。壁宿的二星相连就像是一堵墙壁，又因其在天门之东，所以也称作东壁。也有的说是因在室宿的东边，很像室宿的墙壁，所以壁宿又称作东壁。两种说法，意思相同。宋人孙奕《履斋示儿编·正误·东壁东井南箕北斗》就说："二十八宿以四方为名者，唯井、壁、箕、斗四星而已……离宫在南则壁在室东，故称东壁。"壁宿和室宿又合起来称作"娵訾"，亦作"娵觜"。娵，音jū；訾（觜），音zī。《尔雅·释天》说："娵觜之口，营室东壁也。"晋人郭璞注："营室、东壁，星四方似口，因名云。"《左传·襄公三十年》："及其亡也，岁在娵訾之口。"

古人认为，壁宿的两颗星主天下文章，所以"东壁"一词又用来指称皇宫的藏书之所。《晋书·天文志上》说："东壁二星，主文章，天下图书之秘府也。"上引诗中"东壁图书府，西园翰墨林"即用其意。又，明人高明《琵琶记·孝妇题真》"休夸东壁图书府，赛过西垣翰墨林"中的"东壁"意思也相同。

成语"东壁余光"本来是指东邻墙壁上透过来的余光。后来就用为美称他人给予的恩惠福泽。这里的"东壁"本指东邻隔壁的房屋。"余光"则是指多余之光，语出于《史记·樗里子甘茂列传》："臣闻贫人女与富人女会绩，贫人女曰：'我无以买烛，而子之烛光幸有余，子可分我余光，无损子明而得一斯便焉。'今臣困而君方使秦而当路矣。茂之妻子在焉，愿君以余光振之。"现如今的信息时代，网络已经渗透到我们生活的方方面面，其海量的信息犹如一个无限巨大的图书馆，而人们获取信息离不开网络就像当年读书人离不开图书馆一样。如此情形，如果将"东壁"由皇宫藏书之所引申而喻之为网络，人们获取信息，承其余光，受其恩惠福泽，其欣喜之态或许可借用宋人曾巩《贺转运状》中的"将承望于余光，但欣愉于儒思"一语来形容，又或许可如清人顾炎武《答李子德书》所说："更希余光下被，俾莫年迂叟得自遂于天空海阔之间，尤为知己之爱也。"如此，是否可算作是对"东壁余光"这一词语的新解呢？大概至少可算作是词语的新用吧。

“壁”字是一个形声字，文字的构形可以分析为从土、辟声。“壁”字的出现较晚，未见于甲骨文、金文。现在能见到最早的“壁”字是出土的战国时期文字。战国时期的楚简写作，较后世的“壁”字多出一个“口”，这是楚国文字的特点，常累增一个无意义的“口”符；睡虎地秦简写作、，较后世的“壁”字少一“口”符；汉印文字写作，小篆写作，楷书写作壁。就字形而论，我们可以看得出，从战国时期的竹简用字到小篆，乃至今天所用的楷书，几千年的发展，“壁”字的构形都是从土从辟，一脉相承，除了有些许写法的差异外，几乎没有什么大的变化。

“壁”字的本义是墙壁，这应该是没有什么疑义的，其文字构形从土本身也能说明这一点，古人的墙壁一般是用砖土为之，偶尔也有用木板做的，所以文字构形从土是很自然的。不仅如此，汉字系统中凡是与土相关的字也多从土构形，所谓“凡土之属皆从土”嘛。《说文·土部》就说：“壁，垣也。从土，辟声。”《六书故·地理一》：“古者筑垣墉周宇以为宫，后世编苇竹以障楹间，涂之以泥曰壁。”《仪礼·特牲馈食礼》：“饎爨在西壁。”郑玄注：“西壁，堂之西墙下。”“壁”的墙壁之义一直到今天还是其常用之义。

“壁”由墙壁之义又引申指陡峭如墙的山石。如，《文选·枚乘〈七发〉》：“有似勇壮之卒，突怒而无畏，蹈壁冲津，穷曲随限，踰岸出追。”吕向注：“壁，深岸也。”《隋书·豆卢勣传》：“其山绝壁千寻，由来乏水，诸羌苦之。”唐李白《蜀道难》：“连峰去天不盈尺，枯松倒挂倚绝壁。”田间《寄战士》：“枪弹打穿了草舍，鲜血染红了岩壁。”今天还说“悬崖峭壁”。

建筑物的墙壁总是会存在有方位或方面之别的，所以，“壁”字又引申有“边”“面”的意思。“壁”字的这一用法多见于早期白话。如，宋人陈著《沁园春·丁未春补游西湖》：“那壁喧嚣，这边清丽，咫尺中间夐不同。”金人董解元《西厢记诸宫调》卷一：“向松亭那畔，花溪这壁，粉墙掩映，几间寮舍，半亚朱扉。”元人关汉卿《一枝花·杭州景》曲:“看了这壁。觑了那壁。纵有丹青下不得笔。”元人康进之《李逵负荆》第四折:“还说甚旧情怀,早砍取我半壁天灵盖。”《水浒传》第七十六回:“东壁一队人马,尽是青旗、青甲青袍、青缨青马。”这里的“东壁”即东边的意思。《红楼梦》第七十回:“宝玉一壁走,一壁看。”叶圣陶《火灾·云翳》:“他想起了,便取出信笺来,一壁磨墨,一壁凝想。”这样的“一壁……一壁……”的用法与今天的“一边……一边……”用法很相似,“壁”字的词义引申到了这里就与“边”字有了交集。“边”字由旁、畔、边缘、边境等义引申而指事物的部分、方面。如,唐人李咸用《春日》诗:“危城三面水,古树一边春。”《朱子语类》卷六五:“先天图一边本都是阳,一边本都是阴。”今天我们只用“边”而不再用“壁”了。

“壁”字的星宿名、墙壁等词义,字又或写作“辟”。如,《尔雅·释天》:“营室,东壁也。”唐人陆德明《经典释文》说:“辟,本又作壁。”《礼记·月令》:“仲冬之月,日在斗,昏,东辟中。”这里的“辟”是指星宿“壁”。又如,《左传·昭公十三年》:“陈蔡欲为名。”杜预注:“欲筑垒辟以示后人。”唐人陆德明《经典释文》说:“本亦作壁。”《逸周书·时训》:“小暑之日,温风至。又五日,蟋蟀居辟。”朱右曾《校释》说:“蟋蟀生土中,有翼而未能飞,但居壁上。辟、壁同。”李富孙《诗经异文释》卷十二:“于乐辟廱。汉史晨碑作壁廱。毛传云:水旋邱如壁。曰壁廱,故亦作壁。”这里的“辟”则是指“墙壁”。

汉人刘熙《释名·释宫室》解释“壁”字的时候说:“壁,辟也,所以辟御风寒也。”以“辟”释“壁”虽属声训,但似乎也暗示了“辟”“壁”之间存在着某种意义上的关联。

上古时代,特别是先秦时代,汉字的数量要比后代少得多。字少,又要记录语言,其结果就是汉字的“兼职”现象特别严重。在其后的发展过程中,为了更准确地记录语言,汉字不断地分化,大量的后起形声字就应运而生。这些后起分化字的绝大多数是在古字的基础上增加或改换形符而成。以“辟”字为例，“辟”字的本义为法、法度，但其在上古时代就兼有后世的“避”“闢”“僻”“嬖”“譬”等字的意义。如，《左传·宣公二年》“从台上弹人，而观其辟丸也”中的“辟”后来写作“避”。《孟子·梁惠王上》“欲辟土地，朝秦楚，莅中国，而抚四夷也”中的“辟”后写作“闢”，今又简化作“辟”。《孟子·梁惠王上》“苟无恒心，放辟邪侈，无不为已”中的“辟”后写作“僻”。《论语·季氏》“友便辟，友善柔，友便佞，损矣”中的“辟”后写作“嬖”。《中庸》“君子之道，辟如行远，必自迩；辟如登高，必自卑”中的“辟”后写作“譬”。据此，我们似乎有理由认为“壁”也是“辟”众多后起分化字中的一员，“墙壁”“壁宿”之“壁”，字本该是写作“辟”，后来文字分化又增一“土”符写作了“壁”。

“壁”字的异体或写作“廦”，文字构形可分析为从广、辟声。“广”字音yǎn，与“廣”的简化字“广”不是一个字。

“广”字的意思是依山崖建造的房屋。《说文·广部》说：“广，因广为屋，象对刺高屋之形。凡广之属皆从广。读若俨然之俨。”清人徐灏《说文解字注笺》说：“因厂为屋，犹言傍岩架屋。此上古初有宫室之为也。”宋人李诫《营造法式·总释上·宫》说：“因岩成室谓之广。”唐人韩愈《陪杜侍御游湘西两寺独宿有题因献杨常侍》：“剖竹走泉源，开廊架崖广。”诗中“广”字，读者朋友可别读成guǎng音哟。

古文字构形中，“广”“土”这两形符意思相近，可以相通。所以，“壁”的异体字又可以写作“廦”。《说文·广部》：“廦，墙也。从广，辟声。”段注：“与土部之壁音义同。”《广雅·释言》：“廦，垣也。”《玉篇·广部》：“廦，屋墙也，垣也。今作壁。”《睡虎地秦墓竹简·治狱程式》：“丙死（屍）县（悬）其室东内中北廦权，南乡（向），以枲索大如大指，旋通系颈，旋终在项。”“廦”同“壁”。

“廦”字的这一用法只出现在早期的文献中，后世只写作“壁”。

从这个意义上，我们可以说，“壁”“廦”这两个异体字应当都是“辟”的后起分化字，其区别就在于造字之人选择形符时一个选择了“土”，一个选择了“广”。

“壁”与“墙”是同义词。壁是指墙壁，墙是指用土筑或用砖石等砌成的屏障或外围。《说文》的解释是：“壁，垣也。”“墙，垣蔽也。”汉人刘熙《释名·释宫》也说：“墙，障也，所以自障蔽也。”看似二者的词义有细微差异。然而，《诗·郑风·将仲子》：“将仲子兮，无踰我墙，无折我树桑。”毛传：“墙，垣也。”所以，宋人李诫《营造法式·壕塞制度·墙》就说：“墙，其名有五：一曰墙，二曰墉，三曰垣，四曰墲，五曰壁。”

或许有读者朋友会问：既然“墙”“壁”二字同义，且“墙”字的使用更为普遍，那古人为什么为壁宿命名时选择“壁”而不选“墙”呢？

我们还是先看看“壁”“墙”二字构词的差异吧。与同一字构词，其词义既有不同之例，更有相同之例。如，同是与“立”字构词，“墙立”是不可行、行不通之义，而“壁立”则是像墙壁一样耸立，或室中空无所有、唯余四壁之义。这是不同之例。再来看看相同之例。“墙立观”犹“壁上观”，均是说置身事外，坐观胜负。“墙有耳”是比喻秘密易于外泄。也可作“墙有风，壁有耳”“墙有缝，壁有耳”。“墙角”也作“壁角”，均指墙壁的角落。“墙报”也作“壁报”，都是指机关、团体、学校等办的把稿子张贴在墙壁上的报。“面墙”也可作“面壁”，均有静心修养之义。如此说来，“壁”与“墙”的同与不同，并没有严格的区分，更多的是使用习惯上的问题。如果将宋人叶绍翁《游小园不值》“春色满园关不住，一枝红杏出墙来”的诗读成“春色满园关不住，一枝红杏出壁来”，肯定是很别扭的。所以，尽管清人凤韶《凤氏经说·墉墙》说：“古者屋下柱间墙曰墉，屋外四周墙曰垣，垣即所谓宫墙也。垣墉皆得称墙，

凿壁借光的故事
引自《铁杵成针》是泉 主编 上海科学普及出版社 2003年10月第1版 第48页

而墉不得称垣，垣不得称墉。”这种使用上的差异恐怕更多的是语言习惯上的强为之分解。

“壁”“墙”二字的使用上差异恐怕更多的还是一种语言习惯，这其中当然不排除南北方语言使用习惯上的不同。如，“烂泥（巴）扶不上墙”这一俗语更多的是出现在北方人的口头语言中，而南方人恐怕更习惯说的是“烂泥巴扶不上壁”。

这就是习惯，是语言习惯。

箕风“毕”雨

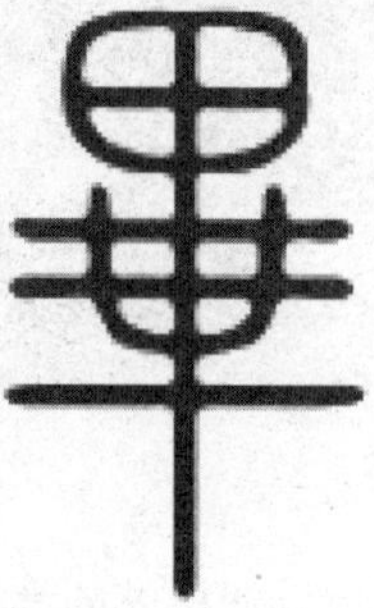

二十八宿中的毕宿，是西宫白虎七宿的第五宿，有八颗星，因其分布的形状像古代田猎时所用的毕网，故得名。晋人郭璞注《尔雅·释名》时说：“掩兔之毕，因星形以名。”明人梅膺祚《字汇·田部》的解说更为形象：“毕，宿名，毕八星，二星直上如柄，六星曲为两行，张其口。”

在中国古代传统的星宿文化中，毕宿主兵。如，《史记·周本纪》：“九年，武王上祭于毕。”唐人司马贞《史记索隐》说：“毕星主兵，故师出而祭毕星也。”又，《史记·天官书》：“毕曰罕车，为边兵，主弋猎。”唐人张守节《史记正义》说：“毕八星，曰罕车，为边兵，主弋猎。其大星曰天高，一曰边将，主四夷之尉也。星明大，天下安，远夷入贡；失色，边乱。毕动，兵起，月宿则多雨。”“罕车”本指猎车，因毕八星排列如打猎所用的毕网，“罕车”后又成了毕宿的别名。“边兵”是指边境战事。

毕宿星君

选自《中国古代民间福佑图说》王红旗、孙晓琴 编著 金城出版社 1998年9月第1版 第28页

除了主兵外，毕宿又主雨。《诗经·小雅·渐渐之石》："月离于毕，俾滂沱矣。"汉人毛亨传："月离阴星则雨。"宋人朱熹《诗集传》说："离，月所宿也。毕，星名。月离毕，将雨之验也。"今成语有"箕风毕雨"，源于《尚书·洪范》中的"庶民惟星，星有好风，星有好雨"，汉人孔安国传："箕星好风，毕星好雨。"古人认为月亮经过箕星时风多，经过毕星时雨多。本来是比喻百姓各有所好，后就以"箕风毕雨"谓官吏施政应顺应民情。

因毕宿主雨，故又引申指雨师。《周礼·春官·大宗伯》："以槱燎祀司中、司命、风师、雨师。"汉人郑玄注："雨师，毕也。"汉人应劭《风俗通·礼典·雨师》也说："《周礼》'以槱燎祀雨师。'雨师者，毕星也。""槱燎"是古代封禅祭天的一种仪礼，将牲体置于柴堆之上焚烧，扬其光炎上达于天，以祀天神。

"毕"字的繁体写作"畢"，早期甲骨文写作，后增一田符写作；金文写作、，小篆作，楷书写作畢。可以看出，从甲骨文到小篆、楷书，字的构形一脉相承，除早期的甲骨文外，均从田从華。今简化写作"毕"，则成了一个纯粹的形声字，可以分析为从十、比声，但已全然看不出原来字体中所蕴涵的文化意味了。

《说文·華部》说："毕，田罔也。从華，象毕形微也。""田罔"即"畋网"，意思是打猎时用的网。"田"是打猎的意思，后来写作"畋"。《字汇·田部》说："田，猎也。""罔"是"网"的后起形声字。清人段玉裁依据《韵会》将《说文》的说解改作“田网也。从田、从華，象形”，并注：“‘毕’与‘華’同，故取‘華’象形。”段说可从。

“毕”字构形中的“華”是有柄畚箕一类的器具。《说文》说：“華，箕属，所以推弃之器也。象形。”段玉裁注：“此物有柄，中直象柄，上象其有所盛。持柄迫地推而前，可去秽，纳于其中。箕则无柄，而受秽一也。”“華”字的字义在从“華”构形的字中也有所体现。

“弃”字的繁体作“棄”，小篆作，构形从廾从華从子，会双手持華将子捐弃之意。所以《说文》说：“棄，捐也。从廾推華弃之，从𠫓，𠫓，逆子也。弃，古文棄。”李孝定《甲骨文字集释》说：“字象纳子甘中弃之之形。古代传说中常有弃婴之记载。”“甘”即“其”，都是“箕”的古字。周人始祖后稷，传说出生时被母亲姜嫄认为是妖而遭弃，故名弃。“棄”字古代就简化作“弃”，将原构形中的“華”省略，而以廾、𠫓会意“弃子”之意，倒也简单直接。

“粪”的繁体作“糞”，小篆写作，甲骨文写作，构形从廾从華从釆（甲骨文作三点）会意。所以《说文》说：“糞，弃除也。从廾推華糞釆也。”段注：“合三字会意。”“糞”字古义为除秽，今义为粪便，古今有别。段注：“古谓除秽曰糞，今人直谓秽曰糞，此古义今义之别也。”《广雅·释诂三》说：“糞，除也。”楷化后的“糞”则将原先字体中的“華”变作了“田”、“釆”变作了“米”，已然看不出除秽之意了。

“華”字今音bān。其实，“華”的功用并不只限于指除秽、弃除之类的器具，亦兼指捕鸟兽的器具。这两类器具在古代也许本来就是同属一类；或者说，作为器具，这两类器具的形制是一致的，所以，“毕”字的构形亦从“華”。

如果追根溯源的话，“華”可能就是“毕”的本字。段玉裁就说：“‘毕’与‘華’同。”商承祚《甲骨文字研究》也说：“证以汉画象刻石，凡捕兔之具作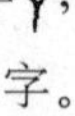，与《说文》训‘田网’之‘毕’用同。许君谓毕‘从華，象毕形’，则華为本字。

后因華为田网，乃加田作‘畢’，变体行，而本字之字谊反晦，遂改训为‘推弃之器’矣。”所以，“毕”的本义是古时畋猎用的一种长柄网，也就是《说文》说的“田罔”。

进一步探寻，我们会发现，“華”不仅是“毕”的本字，也是“禽”的本字。换句话说，“毕”“禽”二字都是“華”的后起分化字，它们原本就是一字，甲骨文中均写作、、，象有柄的小型畋网，也就是《说文》所说的“象毕形微也”；又或增加手形作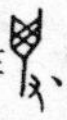、，以示用手持网捕鸟兽之意。大概是到了周初，类的字形开始加声符分化出“毕”“禽”二字。金文的“禽”写作，是在的基础上增加了声符、（今声）；“毕”写作，则是在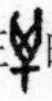的基础上增加了符。

字形的分化反映的是词义的引申和发展。

文献中，“禽”字的最早字义是捕获、捉拿。《正字通·内部》说：“禽，战胜执获曰禽，俗作擒。”《左传·僖公二十二年》：“君子不重伤，不禽二毛。”《逸周书·世俘》：“武王狩，禽虎二十有二。”《战国策·秦策一》：“黄帝伐涿鹿而禽蚩尤。”诸“禽”均为捕获、捉拿之义，承担的应该是“華”字的动词之义，这一意义今天字又写作“擒”。而“毕”字则承担了“華”字的名词“畋网”之义。所以，马叙伦《六书疏证》就说：“禽，实‘擒’之初文，禽兽皆取获动物之义。禽字金文……皆从本书‘田罔也’之‘毕’，今声。‘毕’所以捕取动物，故即从毕。”

自从字形出现了分化以后，“毕”“禽”二字就各自沿着自身的运行轨迹继续发展，又引申出许多不同的新义。

“禽”由捕获引申指猎物，泛指鸟兽鱼类等动物。“毕”由畋网引申为用网捕取禽兽。《玉篇·華部》说：“毕，掩兔也。”《诗·小雅·鸳鸯》：“鸳鸯于飞，毕之罗之。”毛传：“于其飞乃毕掩而罗之。”《风俗通·正失》：“驰射狐兔，毕雉刺毙。”《新唐书·魏徵传》：“在贞观初，高居深拱，无田猎毕弋之好。”又引申有完毕、终了之义。《广雅·释诂三》:“毕，竟也。”《集韵·质韵》:“毕，终也。”《宋史·李纲传》:“网治守战之具，不数日而毕。”我们所熟知的“毕”字字义就是完毕、终了之义，而对于今天的读书人来说，与“毕”字相关的最熟悉的一词大概是既爱又恨的“毕业”了。

其实，完毕、终了之义的“毕”，字本该写作“斁”。《说文·攴部》说:“斁，斁尽也。”段玉裁注:“事毕之字当作此，毕行而斁废矣。”《玉篇·攴部》也说:“斁，尽也。”清人王筠《说文句读》说:“经典皆作毕，省形存声也。”既然经典都写作“毕”，并且大家也已习惯，很显然，这是符合汉字简化的大趋势，没有必要将“毕业”写作“斁业”了。

“毕”与“禽”分手后，在后来的发展过程中又与“必”字有了联系。既然如此，那我们就再来说说“毕”与“必”的关系吧。这本来是八竿子都打不到一起的两个字，就因为古今读音都相同，在后来的使用过程中，彼此间便有了交集：你或可用作我，我亦或可用作你。这恐怕就是汉字非其他文字所能比拟的妙趣之所在吧。如，汉人桓宽《盐铁论·结和》:“今有帝名而不信长城，反赂遗而尚踞敖，此五帝所不忍，三王所毕怒也。”“毕怒”即“必怒”。又如，《墨子·所染》:“五入必，而已则为五色矣。”《战国策·秦策四》:“齐王入朝，四国必从。”汉人班固《白虎通·崩薨》:“天子七月而葬，同轨必至。”《金乡长侯成碑》:“同盟必至，缟素填街。”诸“必”均同“毕”，完、尽、都的意思。

“必”是“柲”之古字，本义是戈、矛、戟等兵器上的柄。《尔雅·释器》说:“柲，柄也。”《说文》说:“必，分极也。”“分极”即标杆、标准的意思，是“必”的后起之义。郭沫若《殷周青铜器铭文研究》说:“余谓‘必’乃‘柲’之本字，……‘分极’乃后起之义。从木作之‘柲’字则后起之字也。”“必”字构形从弋、从八，八代表的是戈、矛等上的穿孔，用来固定于柄上。词义抽象化后为必定的“必”，就另造一个从木旁的“柲”表柄之义。

“毕”“必”二字的互用也表现在构词上。如，“毕力”是尽力、全力的意思。如，《列子·汤问》：“吾与汝毕力平险，指通豫南，达于汉阴，可乎？”文献中也或写作“必力”。如，《白虎通·谏诤》引《书》：“必力赏罚，以定厥功。”“必力”即“毕力”。

“必恭必敬”的意思是十分恭敬的样子，语本《诗经·小雅·小弁》“维桑与梓，必恭敬止”。《官场现形记》第四十四回：“大家必恭必敬，声息俱无，静听大帅的吩咐。”也写作“毕恭毕敬”。如，郭沫若《洪波曲》第十章五：“军长为李玉堂，一山东大汉，抵军部时，在门外相迎，毕恭毕敬。”

“毕竟”有终究、到底的意思。如，宋人辛弃疾《菩萨蛮·书江西造口壁》词：“青山遮不住，毕竟东流去。”文献中也写作“必竟”。如，唐人贾岛《投孟郊》诗：“必竟获所实，尔焉遂深衷。”所以，张相《诗词曲语辞汇释》说：“毕竟，究竟也。字亦作必竟。”龙潜庵编著的《宋元语言词典》也说：“必竟、毕竟，到底。”

其实，“必竟”除了用为副词，与“毕竟”通用以外，它还是两个单音词组合的词组。如，宋人苏舜钦《王公行状》“大凡民有犯法诋欺者，虽末事必竟”中的“必竟”是“一定追究”的意思。又如，《古今小说》卷十五“我看见他这异相，必竟是个发迹的人”中的“必竟”是“后来一定”的意思。

今天，汉字规范了以后，“毕”“必”二字的互用现象就很少了。如果还有谁再写“必力”“必恭必敬”“必竟”，恐怕就可以说是写了别字了。

【扪“参”历井】

二十八宿中，“参”与“商”是一对非常特殊的星宿。

“参”指西宫白虎七宿中的参宿；“商”指东宫苍龙七宿中的心宿，是心宿的别称。参宿在西，心宿在东，二者在星空中此出彼没，彼出此没，永远没有机会相见，因此常常被用来比喻人的分离不得相见。唐人杜甫《赠卫八处士》诗中的“人生不相见，动如参与商”即用此意。后来“参商”就逐渐演变成了一个固定搭配的词。商星又叫辰星，所以，“参商”也写作“参辰”。如，《天雨花》第十八回：“父子参商非吉兆，家和万事自然兴。”又如，宋人秦观《别贾耘老》诗：“翳我与君素参辰，孰为一见同天伦。”明人无心子《金雀记·惜别》：“天涯咫尺参辰，眼前难别意中人。”

对于一些较为特殊的天文星象，古人都常常好附会以神话传说。在中国，古人就将“参”“商”附会为兄弟二人的不和。这一传说，最早的记载见

《左传·昭公元年》:“昔高辛氏有二子,伯曰阏伯,季曰实沈。居于旷林,不相能也。日寻干戈,以相征讨。后帝不臧,迁阏伯于商丘,主辰,商人是因,故辰为商星。迁实沈于大夏,主参,唐人是因,以服事夏商,故参为晋星。”这段记载的意思是说,阏伯、实沈兄弟二人不和,被帝高辛氏分别迁往商丘主祀辰星(心宿)、晋阳主祀参星。因为心宿在东方,参宿在西方,出没两不相见,所以阏伯、实沈二人亦不得相见。因此,后世把兄弟不和睦比喻为“参辰”或“参商”。又引申为阔别难逢者。

与此相似,在西方也有类似的神话传说。中国叫星宿,西方叫星座。“参”宿对应的星座是猎户座,“商”宿对应的是天蝎座。在希腊神话里,猎户奥瑞恩(猎户座)是被蝎子(天蝎座)蜇死的。因此,只要天蝎座从东方升起,猎户座就会赶紧向西方地平线下隐藏沉没,两个星座永远没有在天空相见之日。

“参”字的繁体写作“參”。就文字出现的年代来说,“参”字也可以说得上是一个比较古老的文字,最早见于金文,写作,或增“彡”写作、、,或将字体上的三个口改作三个日字写作,或省人形写作。小篆写作,可以看出与金文的渊源关系。

说到用字,在二十八宿中,恐怕不会再有哪个星宿名称的用字会像“参”字这么复杂。其复杂性就表现在三个方面:一是有关字的本义争议很大,一直到现在还没有定论。二是字的读音繁多,根据《汉语大字典》,“参”字有六个不同的读音。众所周知,词是音与义的结合体。多音就意味着多义。三是字的异体字繁多。不同的义项常常有不同写法的异体字。如此复杂,必然会给我们阅读古书带来困难,有必要梳理一下。

我们先来说说“参”字的本义吧。有关“参”字本义的争议,主要有三种不同的意见。一种是以东汉许慎《说文解字》的说解为代表,这是目前学术界的主流观点。《说文》说:“曑,商星也。从晶,㐱声。曑或省。”《玉篇·厽部》

故事里的“参商”兄弟
引自《经典神话》《幼儿成长辅助读物》编写组 中国和平出版社 2003年12月第1版 第40页

也说：“参，星名。”朱芳圃《殷周文字释丛》解释说：“曑象曑宿三星在人头上，光芒下射之形。或省人，义同。”“或省人”是指较晚的金文、帛书的写法。关于“参”字的古文字形，《金文形义通解》的分析更为详细：“西周早期……字象宿三星在人头上，其↓形上接三星，下集人首，盖表人之视线也，以三星成组而为一体，故加此线以表同时视之也。其后，于人面前增彡形，彡即‘三’之微变，时‘参’多用如‘三’，增‘三’以标其音义，犹‘再’增‘二’以标其义也。……其音读当来自此形变之‘三’。”

古文献中，“参”用作星宿名的例子非常多。《诗·召南·小星》：“嘒彼小星，维参与昂。”《吕氏春秋·孟春纪》：“孟春之月，日在营室，昏在参中，旦尾中。”高诱注：“参，西方宿。”唐人李白《蜀道难》：“扪参历井仰胁息，以手抚膺坐长叹。”明人何景明《捣衣》：“顾影惜流月，仰盼愁横参。”这些“参”字都是指“参星”。

一种观点是认为“参”是篸的本字。赵平安先生认为，从字形看，“参”象人头上戴簪笄之形。后来于字的右下角加彡，是为了字形的匀称美观而增加羡画。其在《释参及相关诸字》一文中又说：“参的本义指簪笄，这个用法后来用篸来表示。……参与篸，如同其和箕、须和鬚、丞和拯、原和源，是本字和分化字的关系。”

还一种观点认为，“参”字应该是一个象形字，“参”的本义应该是指“人参”。甲骨文中有字作、、，上半部分像极了人参的地上部分，且还长着三个人参果，带有人参的明显特征。下半部分像人参的根茎、主根和侧根，十分形象。这一文字构形与金文中的“参”字非常近似。古文献中，“参”用作人参、党参的例子也不少。如，《急就篇》第四章：“远志、续断、参、土瓜。”颜师古注：“参谓人参、丹参、紫参、玄参、沙参、苦参也。”《红楼梦》第十二回：“因后来独吃参汤，代儒如何有这力量，只得往荣府来寻。”

后两种意见很有见地，虽不是目前学术界的主流观点，但对考察“参”字的形义颇有启发。

“参”是个多音字。第一读音为shēn。在这个音读下共有三个义项，(1) 星名。二十八宿之一，西方白虎七宿的末宿。《玉篇·厽部》：“参，星名。”(2) 人参、党参等的总称。通常指人参。后也指海参。如，梅花参；下海捕参。(3) 姓。《广韵·侵韵》：“参，姓。《世本》云，祝融之后。”《通志·氏族略四》：“参氏，董姓，陆终第二子参胡后。”

“参”的第二读音为sān。读这个音的时候，“参”的意思与“三”相同，用作数词。这一意义后来写作“叁”。今天“叁”是作为数字“三”的大写字。《广雅·释言》说：“参，三也。”《左传·隐公元年》：“先王之制，大都不过参国之一，中五之一，小九之一。”晋人杜预注：“三分国城之一。”《史记·淮阴侯列传》：“足下与项王有故，何不反汉与楚连合，参分天下王之？”《后汉书·张衡传》：“参轮可使自转，木雕犹能独飞，已垂翅而还故栖，盍亦调其机而铦诸?”宋人陆游《老学庵笔记》卷七:“壹、贰、参、肆、伍、陆、柒、捌、玖、拾,字书皆有之。参,正是三字。”这些“参”均用同“三”。

“参”字的第三个读音为cān。这一音读对于今天的我们来说恐怕是最熟悉的,因为,在我们日常生活中,“参”字用得最多的就是这个音读下的各个义项。“参加”“参与”“参军”“参战”“参验”“参拜”“参见”“参悟”“参禅”“参劾”“参杂”等词语,都是这个音读下各个义项在现代的沿用。

“参”字第四个读音为cēn。这一音读下只有一个词,即“参差”。这一词语的义项虽然较多,但用得较多的是长短、高低不整齐,不一样。如,《诗·周南·关雎》:“参差荇菜,左右采之。”宋人朱熹注:“参差,长短不齐之貌。”《徐霞客游记·游雁荡山日记》:“出山门,循麓而右,一路崖壁参差,流霞映采。”

“参”字的另外两个读音不大常用,一个音càn,鼓曲名,击鼓三次。一个音sǎn,杂乱的意思。

“参”是个多音字,音多就意味着义项很多。在汉字的发展历史上,古人又为“参”字的不同义项造出了不同的文字形体来。所以,“参”字的异体字也是较多的。检索《汉语大字典》,“参”字下的异体有:曑、㕘、傪、叅、𠫭、叄、叁、𠫵、𠫶、摻、葠、蓡、蔘。当然,这些异体都是针对“参”字的不同义项而言的。如,“参”用作星名、姓氏用字的时候可以写作“曑”。换句话说,“曑”只音shēn,只作星名和姓氏用字。“参”字的“曑”这一构形秉承了金文的字形,所以,许慎《说文解字》就以“曑”为字头。从这个意义上说,“参”的本义或许本该就是指“参宿”而言。另外,作为星名用字的“参”还可写作“㕘”,应当是“曑”的省写。《说文》说:“㕘,曑或省。”《玉篇·品部》:“㕘,星名。今作参。”

作为人参用字的“参”,古文中又或写作“葠”“蓡”“蔘”。这些异体字的构形都从艸(草),倒是与“人参”之义更为相合。如,《广雅·释草》说:“葠,地精人蔘也。”清人王念孙疏证：“各本俱作‘地精人葠也。’《御览》引《广雅》作‘葠，地精人蔘也。’”《集韵·侵韵》：“蓡，《说文》：‘人蓡，药艸，出上党。’或作葠，通作蔘、参。”宋人沈括《梦溪笔谈·人事一》：“王荆公病喘，药用紫团山人蔘，不可得。”文中的“人蔘”即后世的“人参”。

“参差”的“参”也有异体字，写作“篸”。《说文》说：“篸，差也。从竹，参声。”段玉裁改“差也”作“篸差也”。并注：“《(说文)木部》‘槮，木长貌，’引‘槮差荇菜’，盖物有长有短，则参差不齐，竹、木皆然。今人作‘参差’，古则从竹、从木也。”《玉篇·竹部》：“篸差，不齐也。”

其实，“参差”是一个联绵词。联绵词的最大特点就是，由两个音节构成，但只有一个词素，不能拆开解释。“参差”或写作“篸差”、“槮差”，只是这个联绵词的不同写法，与竹、木是没有关系的。段玉裁如此作解，与《方言》以“善心曰窈，善容曰窕”来解释“窈窕”这个联绵词一样，都是因为不知联绵词不能拆分且有不同的写法的缘故。

“参”是个多音字，因其用作数词时音、义均与数字“三”相同，很容易让人觉得“参”就是“三”，“三”亦即“参”。其实，古汉语中，“参”“三”二字的运用还是稍有区别的，有的时候还是需要仔细辨析的，否则就可能误解了古书。例如，《荀子·劝学》“君子博学而日参省乎己，则知明而行无过矣”的“参”字，或许是受“参”“三”义同的影响，还或许是受《论语·学而》“曾子曰：‘吾日三省吾身：为人谋而不忠乎？与朋友交而不信乎？传不习乎？’”中“三省”的影响，有的古文读本就将其误解作：“参：解作‘叁’，读‘sān’，与‘三’同，泛指多次，亦可通。”其实，这里的“参”音cān而不音sān，“参省”是参验省察的意思，与“三”无关。

那么，古汉语中，“参”“三”二字的用法又究竟有哪些区别呢？大致说来，作数词用的时候，“参”只表示确数。如：《左传·隐公元年》：“先王之制，大都不过参国之一。”(大的城墙不能超过国都城墙的三分之一)《淮南子·修务训》:“禹耳参漏。”(禹的耳朵上有三个孔)《汉书·杨敞传》:“延年从更衣还,敞、夫人与延年参语许诺:‘请奉大将军教令!’”(三个人都答应了) 颜师古注:“三人共言,故云‘参语’。”宋人陆游《西楼夕望》:“溪鸟孤飞寒霭外,野人参语夕阳中。”(夕阳中有三个农人在说话)。诸多“参”字均表示确数。而“三”字,在古汉语中既表确数,也表概数。如:《庄子·齐物论》:“二与一为三。”《尚书·洪范》:“五行:一曰水,二曰火,三曰木……”《左传·庄公十年》:“一鼓作气,再而衰,三而竭。”《儒林外史》第七回:“一等、二等、三等都发落过了。”这些“三”字表示的都是确数。又如,《诗经·魏风·硕鼠》:“三岁贯汝,莫我肯顾。”《论语·公冶长》:“季文子三思而后行。”刘宝楠《论语正义》:“三思者,言思之多,能审慎也。”今天的成语有“举一反三”。这些“三”字则表示的是个概数。

在表示确数时,“参”“三”二字可通。如《论语》中的“三分天下有其二”一句,另一版本则写作“参分天下有其二”。可见,当表示确数的时候,既可写作“三”,也可写作“参”。但是如表示的是概数时,则只能写作“三”而不能写“参”。《论语》中的“三省”显然是不能写作“参省”的。明白了“参”“三(叁)”的细微区别,在以后的古书阅读中,就不会再出现类似于将“参cān省”解作“三省”的误读了。

【千里姻缘一线“牵”】

银烛秋光冷画屏，轻罗小扇扑流萤。

天街夜色凉如水，卧看牵牛织女星。

——唐·杜牧《秋夕》

在夏秋的夜空中，最亮的那颗星就是牵牛星。牵牛星，省作牵牛，俗称牛郎星，在银河的西面，与之相对的是织女星，在银河的东面。唐代诗人杜甫的《牵牛织女》诗就说：“牵牛出河西，织女处其东。万古永相望，七夕谁见同。”上引《秋夕》是另一位唐代诗人杜牧创作的一首七言绝句，诗作描写了一名孤单寂寞的宫女，在七夕之夜，于百无聊赖之际，以追扑流萤来排遣孤寂的心境，到最后只好带着羡慕的眼色，仰望渡河相会的牵牛织女双星。

中国自古就是以农业立国。在靠天吃饭的古代农业社会，人们常常要借

牛郎织女
引自《神奇的宇宙星空》周虹等编写 湖北少年儿童出版社2003年1月第1版 第63页

助星宿的位置来确定季节的变化。如，《礼记·月令》就说“季春之月，日在胃……旦，牵牛中”，“仲秋之月，日在角……昏，牵牛中”。“胃”“角”都是星宿的名称。这些记述表明，“牵牛星”也常常被人们用来作为确定季节变化时的参照物。

在漫长的农业社会中，牛一直扮演着非常重要的角色，无论是农忙季节，还是农闲时分，都伴随在人们生产生活的左右。因此，与我们日常生活密切相关的诸多牵引事情中，最典型的就是牵牛了。为了更好更方便地驭牛，人们便在牛的鼻子上横穿一个铁制或木制的桊，也就是俗称的牛鼻环，在桊的另一端系上绳索。人们只要在前面拉着牛绳，牛便会很听话地跟着走。古文献中，有关“牵牛”的记载不少。如，《孟子·梁惠王上》：“有牵牛而过堂下者。”唐人刘禹锡《因论·叹牛》：“刘子行其野，有叟牵跛牛于蹊，偶问焉……叟揽縻而对。”其实，在汉字系统中，一个“牵”字的构形就勾勒出了一幅较为完整的“牵牛图”。

“牵”的繁体字写作“牽”。从现有的文献材料看，“牵”字的出现不算很早，甲骨文、金文中都未发现。“牵”字的小篆写作，构形由牛、冂、玄三个部分组成。“牵”的主体对象是“牛”，文字构形自然就离不开“牛”，所谓“凡牛之属皆从牛”嘛。所以，东汉许慎的《说文解字》就将“牵”字归到“牛部”，并解释说:“牵,引前也。从牛,象引牛之縻也,玄声。”“象引牛之縻”是指字体中部向下的曲画也即“冂”而言。“縻”音mí,即牛缰绳。意思是说,“冂”像牵引牛的绳索。

至于许慎有关“牵”字的“玄声”说解,后人或有不同的看法。清人桂馥《说文解字义证》说:“玄当作叀。”同为清人王筠的《说文句读》也认为“玄声”“当作声”。“”是“叀之古文”。“叀”音zhuān,即纺砖,是古代纺织时收丝所用的一种器具。清人徐灏《说文解字注笺》说:“叀即古专字。《寸部》:‘专,一曰纺专。’纺专所以收丝。其制以瓦为之。《小雅·斯干》传‘瓦,纺专’是也。今或以竹为之。”“专”的繁体写作“專”。“纺专”即“纺砖”,也作“纺塼”。“纺砖”与穿牛鼻用的“桊”,二者形制颇为相似,均为两端较粗中间略细。如此看来,清人桂馥、王筠认为“玄”当为“叀”的说法较为可信。依照这一说法,“玄”也即“叀”在“牵”字的构形中则是音义兼具:既指拴牛鼻的“桊”,也表“牵”字的读音。

就字形而言,“牵”字由小篆到楷书牽,字的形体虽略有差异,但字的构件也就是文字的组成部分并未发生变化,所以依然能看出文字发展的一脉相承。然而,由繁体“牽”到简化“牵”,原先字体中的“玄”也即“叀”则因简化而讹变作了“大”,就完全看不出这一部分的功用究竟是表音还是表义,其中的文化意蕴也所存无几了。

我们说甲骨文、金文中暂时未发现有“牵”字,并不是说商周时期就没有“牵牛”的事情。其实,漫长的农耕时代,“牛”自古就进入到人们的日常生活中来,商周时期自然也不例外。

甲骨文中有字写作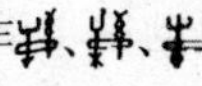,文字的构形可分析为三个部分,即牛、、糸。对此,宋镇豪先生就认为甲骨文中这几个字的构形与“牵”字密切相关。其在《甲骨文“牵”字说》一文中就说:“甲骨文从牛从从糸亦声,字

与牛相关，其牛则以绳缚而约束之，字又寓以糸运车之义。此字当即牵的本字。”“殷代的车制，畜力有牛有马，采用的是胸式系驾法。甲骨文牵字从，乃取绳缚束牛之意，此或即胸式系驾法的表征。总之，甲骨文字与后世的牵字，无论从字义字音，还是字形上看，都相密合。”宋先生的考证很有说服力，只是其中的“糸”，即如后世“牵”字中的“玄”，很难说不是“叀”的字形讹变。另外，从文字的发展过程来看，后世的“牵”字也不一定就是直接从甲骨文中的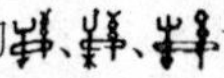诸字演变发展而来。

“牵”的字形由牛、冂、玄这三个部分组成，其核心词义自然就是拉、挽。所以，《说文》就说：“牵，引前也。”《广雅 · 释言》也说：“牵，挽也。”文献中，“牵”字的这一词义用例不少。如，《尚书 · 酒诰》：“肇牵车牛，远服贾。”“车牛”即牛车，是古时候的交通运载工具。晋人潘岳《西征赋》：“商法焉得以宿，黄犬何可复牵。”唐人杜甫《兵车行》：“牵衣顿足拦道哭，哭声直上干云霄。”宋人王安石《蝶》诗：“翅轻于粉薄于缯，长被花牵不自胜。”老舍《骆驼祥子》二：“晚饭的号声把出营的兵丁唤回，有几个扛着枪的牵来几匹骆驼。”巴金《家》二十：“她回过头去，正看见瑞珏牵了海臣走过来。”

在古代，牛、羊、豕等都是可以被牵的牲畜，所以“牵”字又引申为指牛、羊、豕。如，《周礼 · 天官 · 宰夫》：“凡朝觐会同宾客，以牢礼之法，掌其牢礼，委积膳献，饮食宾赐之飧牵，与其陈数。”汉郑玄注引郑司农说：“牵，牲牢可牵而行者。”又如，《左传 · 僖公三十三年》：“吾子淹久于敝邑，唯是脯资饩牵竭矣。”晋人杜预注：“牵谓牛、羊、豕。”唐人孔颖达疏：“牛、羊、豕可牵行，故云牵谓牛、羊、豕也。”宋人苏轼《赐大辽贺坤成节人使生饩口宣》：“徒驭实劳，宜锡饩牵，以昭宠数。”“牵”字的这一意义后世逐步消失而基本上就不再使用了。

“牵”由“拉”“挽”之义又引申有引、领之义。南朝宋刘义庆《世说新语·方正》:“酒酣后,刘(惔)牵脚加桓公(温)颈,桓公甚不堪,举手拨出。”唐人杜审言《和韦承庆过义阳公主山池》:“绾雾青条弱,牵风紫蔓长。”明人杨基《长江万里图》诗:“烟波草色时牵恨,风雨猿声欲断肠。”今天依然还有“牵引”一词。

“牵”这一行为动作至少涉到两方:牵者和被牵者。而一旦有了牵拉的行为,双方就因此粘连在了一起。所以“牵”又引申有了“连”的意思。《广雅·释诂四》就解说道:“牵,连也。”如,《周易·小畜》:“九二,牵复,吉。”唐人孔颖达疏:“牵谓牵连。”《文选·张衡〈西京赋〉》:“夫人在阳时则舒,在阴时则惨,此牵乎天者也。”李善注引薛综曰:“牵,犹系也。”唐人韦嗣立《论刑法多滥疏》:“杨豫之后,刑狱渐兴,用法之伍,务于穷竟,连坐相牵,数年不绝。”鲁迅《坟·从胡须说到牙齿》:“其实,那些什么‘答辩书’也不过是中国的胡牵乱扯的照例的成法,章士钊未必一定如此胡涂。”今天我们依然还有“牵连”一词。

在陆路运输还不是很发达的古代,水上的长途运输是其主要的手段。京杭大运河的开挖修建足以说明这一点。在水路运输的过程中,舟船的逆水而行是难以避免的,由此应运而生的恐怕就是借助人力的牵拉,而在人力的牵拉中,拉船的绳索是必不可少的重要工具。因此,“牵”字又引申出了指拉船绳索的意思。《增韵·霰韵》就说:“牵,挽舟索,一名百丈。”如,明高启《赠杨荥阳》:“渡河自撑篙,水急船断牵。”“牵”的这一词义后来写作“縴”,今简化作“纤”。从这个意义上说,“縴”与“牵”是一组古今字,“牵”是古字,“縴”是在古字“牵”的基础上增加了形符“糸”的后起形声字。为了区别词义,“牵”字的这一意义的读音也相应地作了些调整,读去声qiàn,以示与“牵”字其他词义读qiān音的区别。

在分析“牵”字的构形时,我们隐约会感觉到,在这个“牵牛图”的构形中好像缺了一点什么。古人或许也有与我们相同的感受，于是在后世的文字发展过程中就为“牵”字造了一个从手构形的异体字，写作“摼”。这个在原有字形的基础上增加的“手”符，似乎就是为了突出人的地位，或者说是突出在“牵牛”的过程中“人”的主导作用。

“摼”字也有两个音读，一是音qiān，与“牵”相同。《正字通·牛部》：“牵，别作摼。”元人乔孟符《金钱记》第一折：“那九龙池，周围摼红绳为界。”《警世通言·崔衙内白鹞招妖》：“摼将闹装银鞍马过来，衙内攀鞍上马出门。”二是音qiàn，这一音读的词义与“縴(纤)”相同，即拉船、拉车等用的绳子。《农政全书·水利·利用图谱》：“簨头竖置偃木，形如初月，上用秋千索悬之，复于排前植一劲竹，上带摼索以控排扇。”今天，“摼”字的两个音读也统一简化作“牵”和“纤”。

“牛郎织女”与“孟姜女”“梁山伯与祝英台”“白蛇传”共同构成了我国汉民族的四大民间传说。其中只有“牛郎织女”这个传说借助天上星宿名，把天上和人间放在了同一个层面上演绎出一个凄美的爱情故事。《古诗十九首·迢迢牵牛星》说：“迢迢牵牛星，皎皎河汉女，纤纤擢素手，札札弄机杼。终日不成章，泣涕零如雨。河汉清且浅，相去复几许！盈盈一水间，脉脉不得语。”有人就说，这首古诗是“牛郎织女”这一传说的雏形。或许是因为这一首古诗的传唱，或许是因为牛郎的牵牛挑担追织女的执着的感动，也或许是因为其他，不知从何时开始，“牵”字就与人们的爱情婚姻“牵连”在一起了，所谓“千里姻缘一线‘牵’”。

传说中有“月老”的“牵红绳”说。唐人李复言《续玄怪录·定婚店》说：杜陵的韦固，元和二年旅次遇一老人倚布囊，坐于阶上，向月捡书。固问所寻何书，答曰：“幽冥之书。”问其何掌，答曰：“天下之婚牍耳。”又问囊中何物，答曰：“赤绳子耳。以系夫妻之足，及其生，则潜用相系，虽仇敌之家，贵贱

李洪修绘月老像
引自《民间吉神传说》禾三千 著 黑龙江美术出版社 2006年11月第1版 第86页

悬隔，天涯从宦，吴楚异乡，此绳一系，终不可逭。”故事中“倚布囊、坐于阶上、向月捡书”的老人，就是后来被奉为婚姻之神的月下老人。世间的男女只要被“月老”囊中的红绳牵系在一起，即便是经历“仇敌之怨，贵贱悬隔，天涯从宦，吴楚异乡”等折磨，也会化解一切最终成为夫妻。

传统的婚俗中有“牵巾”之习俗。宋人吴自牧《梦粱录·嫁娶》说：“礼官请两新人出房，诣中堂参堂，男执槐简，挂红绿彩，绾双同心结，倒行；女挂于手，面相向而行，谓之‘牵巾’。”宋人孟元老《东京梦华录·娶妇》也说：“婿于床前请新妇出，二家各出彩段，绾一同心，谓之‘牵巾’，男挂于笏，女搭于手。”如今的中式婚礼中新郎官牵着红绸绳引新娘入洞房的这一环节应当是这一习俗的传承。

前些年，一首《牵手》唱出了多少真情相爱人的心声。“纤”者，牵也。一首《纤夫的爱》也唱遍了大江南北，且经久不息。

又是一年一度的“七夕”相会时。每当这个时候，我们总会发出感叹：相亲相爱的牛郎织女被银河相隔而只得一年相见一次。殊不知，“天上一天，地上一年”。果真如此，牛郎织女岂不是天天相会？还是古人说得好：“两情若是久长时，又岂在朝朝暮暮！”

愿天下有情人“牵手”成功！

〖牛郎“织”女〗

北斗佳人双泪流，眼穿肠断为牵牛。
封题锦字凝新恨，抛掷金梭织旧愁。
桂树三春烟漠漠，银河一水夜悠悠。
欲将心向仙郎说，借问榆花早晚秋。

——唐·曹唐《织女怀牵牛》

俗话说：“秤不离砣，公不离婆。”在中国古代神话传说中，牵牛星与织女星总是出双入对，业已成了固成的搭配。说了牵牛星，自然就得说说织女星了。

织女星在银河的东面，与牵牛星隔河相望。或许从其命名的第一天起，就注定了与传统社会“男耕女织”的社会分工紧密地联系在一起。《诗经·小雅·大东》就说:“维天有汉,监亦有光。跂彼织女,终日七襄。虽则七襄,不成报章。”“七襄”之意指有两解:一说指织女星白昼移位七次。郑玄笺:“襄,驾也。驾,谓更其肆也。从旦至莫七辰一移,因谓之七襄。”一说是染丝织成花纹丝织品之数。明人周祈《名义考·七襄》说:“七襄,织文之数也。《诗》意谓望彼织女,终日织文至七襄之多,终不成报我之文章也。”其实,这两种解释是统一的,只不过是有天文学与文化学的角度之区别。

在古代天文学中,织女星是天帝之孙女,因其与附近两个四等星构成了一个正三角形,又被称为“织女三星”。如,《史记·天官书》:“婺女,其北织女。织女,天女孙也。”唐人张守节《史记正义》:“织女三星,在河北天纪东,天女也,主果蓏丝帛珍宝。”《汉书·天文志》:“织女,天帝孙也。”《晋书·天文志》:“织女三星在天纪东端,天女也。”

织女星既然是天帝之孙女,又与牵牛星隔着银河遥遥相望,每年七夕的前后数日,皆彻夜经天,至太阳升而始没,于是古人就将此二星比之夫妇,经年而一会,并且想象出优美动人的神话传说并世代相传。古诗文中,有关这一神话传说的各类记载不胜其数,上引唐人曹唐《织女怀牵牛》诗即其一。又如,宋人谢薖《蝶恋花·留董之南过七夕》词:“一水盈盈牛与女。目送经年,脉脉无由语。后夜鹊桥知暗度。持杯乞与开愁绪。君似庾郎愁几许。万斛愁生,更作征人去。留定征鞍君且住。人间岂有无愁处。”又如,《月令广义·七月令》引南朝梁殷芸《小说》:“天河之东有织女,天帝之子也。年年机杼劳役,织成云锦天衣,容貌不暇整。帝怜其独处,许嫁河西牵牛郎,嫁后遂废织纴。天帝怒,责令归河东,但使一年一度相会。”后来常借用此典以咏夫妻暌隔,或借以表达男女相思、相爱之情。今人则效仿西方而将“七夕”说成是中国人的“情人节”。

这一神话传说之盛,以致银河这个在古代神话传说中阻隔织女与牛郎相

鹊桥相会

选自《图说中国吉祥物》大乔 编著 中国社会科学出版社 2008年5月第1版 第205页

会的天河，竟亦或被称为“织女河”或“织女津”。如，《汉武帝内传》：“启彼无涯津，泛此织女河。”明人王宠《入消夏湾》诗：“疑觞王母池，误攀织女津。”

“织”是简化字，其繁体作“織”。就字形来说，“織”字的出现较晚，甲骨文、金文均未看见。金文中，凡“织”之义均写作“戠”。从这个意义上说，“戠”“織”应当是一组古今字：“戠”是古字，“織”则是在古字“戠”的基础上增加形符“糸”而产生的今字，也即后起的形声字。形声字形符的作用是表示该形声字的意义类属或范畴的。“糸”音mì，本义是细丝。《说文·糸部》说：“糸，细丝也。”段玉裁注：“丝者蚕所吐也。细者，微也。细丝曰糸。”凡是以糸为形符的字都与丝相关，所谓“凡糸之属皆从糸”。

“織”字构形从糸，其形、义之间是吻合的。《说文》说：“織，作布帛之总名也。从糸，戠声。”“作”是制作的意思。段玉裁注：“经与纬相成曰织。”用今天的话来说，就是用经纬线交叉的方法，将纱或线制成布、绸、呢绒等织物。这是“織”字的动词之义，也是其最常用的词义，今音zhī。文献中，“織”的这一词义的用例非常多。如，《诗·大雅·瞻卬》:“妇无公事，休其蚕织。”《史记·商君列传》:“僇力本业，耕织致粟帛多者复其身。”唐孟郊《织妇辞》:“如何织纨素，自著蓝缕衣。”引申为穿梭般往来交叉。唐元稹《寄吴矩》:“扣节参差乱，飞觥往来织。”唐杜牧《池州送孟迟先辈》:“九衢林马樾，千门织车辙。”《续资治通鉴·宋神宗熙宁七年》:“言者论二事如织，皆不省。”

又引申出用相互交错、勾连的方法编制物品。如，《西京杂记》卷二：“昭阳殿织珠为帘。”《隋书·东夷传·流求国》:“织藤为笠，饰以毛羽。”唐白居易《买花》:“上张幄幕庇，旁织笆篱护。”今天我们会说：“织毛衣”“织鱼网”。

“织”的这一引申义与“编”的引申义有交集，以致此二字的使用就有了混用的可能。

“编”的本义是用来穿联竹简的皮条或绳子。《广雅·释器》:“编，条也。”《汉书·儒林传·序》:“(孔子) 盖晚而好《易》，读之韦编三绝，而为之传。”“韦编”本义为用皮革做成的绳子，即皮绳或皮条。“编”用作动词时其词义是顺次排列，强调的是顺序、次序、依次，所以，《说文》说：“编，次简也。”段玉裁注：“以丝次弟竹简而排列之曰编。”这与“织”用作动词词义时强调纵横、经纬的交错是有区别的。

在后来的词义引申中，“编”有了交织、编结之义。《玉篇·糸部》说：“编，编织也。”唐人玄应《一切经音义》卷二十三引《字林》:“编，织也。”则径直用“织”释“编”，足以说明“织”“编”二字已经是同义词或近义词了。正因为后世“织”“编”的同义或近义，所以，才会有今天词语中“编织”一词的同义词连用，才会有在某些编织物上既可用“编”亦可用“织”的现象。今南方草鞋的制作叫“编”，歇后语就有“刘备编草鞋——内行”。如此之类，究竟是用“编”还是用“织”，则既要看所编织的物体，更要看语言使用者的语言习惯。

"織"字作名词用的时候音zhì，意思是用染丝织成的丝织品。《玉篇·糸部》说："织，织文锦绮之属。"《尚书·禹贡》："厥篚织贝。"孔颖达疏："凡为织者，先染其丝乃织之，则文成矣。"《礼记·玉藻》："士不衣织。"郑玄注："织，染丝织之。""织"字的这一意义对于今天的我们来说可能较为陌生，但在上古文献中则较为常见。

中国古代社会等级森严，并直接反映在服装的用料及式样上。"衮衣"是古代帝王及上公穿的绘有蜷龙的礼服；"鷩衣"是古代帝王享先公及飨射所用之服；"毳衣"是古代天子、大夫的礼服之一。由古文字学家们的考释我们可以了解到，金文中的"戠衣"即"织衣"，而所谓的"织衣"，实际上就是"衮衣""鷩衣""毳衣"之类的贵者之服，也正是因为如此，古文献中才会有"士不衣织"之说。中国古代帝王自古就自视为"天子"——天之子的传统。将这一传统与"织衣"之属性联系起来看，我们似乎也就理解了古人为什么会视"织女"为"天帝之孙女"。而织女"年年机杼劳役"所织成的"云锦天衣"，套用一句古诗句则可以说："此物只应天上有，人间哪得几回穿！"更进一步地说，"织女"乃"天帝之孙女"的传说，恐怕是"士不衣织"这句古话的最好的文化解读。

在传统的农耕社会中，纺织之事一直是被视为"救乏富国"之业。织女星既然主"丝帛"之事，很自然就容易与人世间的织衽之事发生关联。据文献记载，汉代未央宫有"织室""暴室"等掌管丝帛礼服等织造的机构，并且设专职官员分别负责"织作文绣郊庙之服"和"后宫的织作染练"。后世宫廷相沿设置，《新唐书·百官志》就说："织染署七月七日祭机杼。"《岁时广记》卷二六引《考工记》也说："以织女星之详，因祭机之杼，以求工巧。"

文献中有关纺织之事的记载，更是不胜其数。如，《礼记纂言》卷二："女子十年不出，姆教婉娩听从。执麻枲，治丝茧，织纴组纠学女事，以共衣服。"

织女

选自《中国一百仕女图》卢延光绘 岭南美术出版社 2002年6月第2版 第43页

《三国志·吴志·华覈传》:"今吏士之家,少无子女,多者三四,少者一二。通令户有一女,十万家则十万人。人人织绩,一岁一束则十万束矣。使四疆之内同心戮力,数年之间,布帛必积。恣民五色唯所服用,但禁绮绣无益之饰……此救乏之上务,富国之本业也。"《太平御览》卷八二六资产部六"织"条下引《汉书》:"张安世尊为公侯,食邑万户。身衣弋绨,夫人自纺织。又曰:冬,民既入,妇人同巷相从夜绩。女工一月得四十五。必相从者,所以省费燎火,同巧拙而合习俗也。"

如此之盛的纺织之业,这或许也就能解释为什么中国古代很早就有了"七夕"之夜"乞巧"的习俗。"乞巧"习俗的产生显然与古代纺织业的兴盛有着密切的关联。

汉语中有"穿针"一词。这一词语的本义是将线穿入针孔。如,北周庾信《对独赋》:“灯前桁衣疑不亮，月下穿针觉最难。”或许是因为“乞巧”习俗的盛行，“穿针”一词又特指农历七月七日夜妇女穿七孔针向织女星乞求智巧。如，唐人王勃《七夕赋》:“海人支石之机，江女穿针之阁。”明人何景明《七夕》诗:“闺中捣素思关塞，楼上穿针待女牛。”冰心《寄小读者》二四:“席散后，我忽忆未效穿针乞巧故事，否则也在黑暗中撮弄她们一下子，增些欢笑。”

最早将“穿针”之事与织女星相联系，并指明其目的在于“乞巧”的记载，见于南朝梁宗懔的《荆楚岁时记》:“七月七日，为牵牛织女聚会之夜。是夕人家妇女结彩缕，穿七孔针，或以金银鍮石为针。陈几筵酒脯瓜果于庭中以乞巧。有蟢子网于瓜上，则以为符应。”“蟢子”是蜘蛛的一种，也称喜子、喜蛛。

现如今，中国的纺织行业依然引领世界潮流，纺织产品依然畅销欧美，走向世界，纺织产品上的“Made in China”——“中国制造”犹如一块金字招牌，光彩照人，耀眼夺目。所有这一切，恐怕就不得不归功于“乞巧”这一习俗的源远流长，不得不归功于织女星的美丽传说。

苍穹大观

【遮天“盖”日】

当人们站在空旷、广袤的大地上，站在天和地之间的时候，一定会将自身放归到宇宙中去，感受人与天、地贯通的灵气。在很早很早的时候，我们的祖先们就是站在这广阔无边的天地之间，思考着何为天，何为地，天和地到底是什么样子的。先民们对天地玄黄、宇宙洪荒的思考一直没有停下脚步，古人对天地结构的理论随着认识的加深一直在不断地更易和进步中。

我们今天就要讲一讲我国古代先民的一种对天地结构的认识理论——盖天说。盖天说的内容实际上是我们根深蒂固的“天圆地方”说，它的起源非常久远，当来源于先民对天地及日、月、星辰运行的直观感受。《淮南子·天文训》记载了一则共工怒触不周山的故事：“昔者共工与颛顼争为帝，怒而触不周之山，天柱折，地维绝。天倾西北，故日月星辰移焉；地不满东南，故水潦尘埃归焉。”这个神话反映了先民们对天地结构的认识，当时人们认为天像非常庞大的张盖，日月星辰都附着在这个大张盖上运行，这个张盖是由八根柱子即八座大山支撑着，西北不周之山这根擎天柱被共工撞倒了，西北方的天就塌下了，所以日月星辰都往那边移动；地的东南方也塌陷了，所以河川泥沙都流向东南方。这虽然是一则神话传说，却反映了当时的人们已经正确意识到日、星西移，河川东流的自然现象。

关于后来形成体系的盖天说，要追溯到《周髀》一书了。《周髀》当为中国最古老的汉族天文学和数学著作，该书主要阐明当时的盖天说和四分历法。《晋书·天文志》记载："……所谓《周髀》者，即盖天之说也。其本庖牺氏立周天历度，其所传则周公受于殷高，周人志之，故曰《周髀》。"这一说法可将盖天说提到庖牺氏时代，也就是伏羲时代了，并说明盖天说记载起源于商周时期。《晋书·天文志》曰，"天圆如张盖，地方如棋局"，这一说法可以说是典型的天圆地方说的代表了。另外还有《周礼·冬官·考工记》曰："轸之方也，以象地也；盖之圜也，以象天也。"淮南王刘安信盖天之说，《淮南子·原道训》云："以天为盖，以地为舆。"又曰："故以天为盖，则无不覆也；以地为舆，则无不载也。"是其证也。这些说法，无论是认为天像一个大张盖还是一个大车盖，都反映了古人认为的天像一个大圆盖子，盖在地的上方。这是最为原始的天地结构的理论，后来在天文学史上，有关宇宙起源理论的学说里，这个理论被称作第一盖天说。

"盖天说"想象图

引自《趣味天文》赵君亮 著 上海辞书出版社 2011年5月第1版 第189页

天圆地方的说法在当时

似乎成了人们的共识思想，但是，随着人们观察的深入，发现的问题也越来越多。比如《大戴礼·曾子》中曾记载曾子的疑问："天圆而地方，则是四角之不揜也？"就是说如果天是圆形的，地是方形的，那么地的四角是不是就盖不上了？揜，是掩盖的意思。为了克服这显而易见的矛盾，于是又有了另一种说法，那就是将天说成是像一把大伞高高地悬在地的上空，在它的周围有八根大柱子支撑着，有绳子缚住它的枢纽，天地的样子就像一座顶部为圆拱形的八柱凉亭。

人们对修改后的盖天说依然存有很多疑问，比如战国时代的大诗人屈原曾在他的被誉为"千古万古至奇之作"的长诗《天问》中问到有关天地的问题："斡维焉系？天极焉加？八柱何当？东南何亏？九天之际，安放安属？隅隈多有，谁知其数？天何所沓？十二焉分？日月安属？列星安陈？"屈原的《天问》一方面反映了我们的大诗人对宇宙对自然的思考，另一方面也确实说明当时的第一盖天说不能使人信服。于是，在后来，随着人们观察的深入和认识水平的加深，有关天地结构的学说又出现了第二盖天说。

第二盖天说出自《周髀算经》。第二盖天说认为天像一个圆形的大斗笠，天和地都是中央高、四周低的形状，这样天和地上下平行，可以相合了，并且古人还给出了一系列的相关数据来说明其间的具体结构。据《晋书·天文志》记载："蔡邕所谓'周髀'者，即盖天之说也。其本庖牺氏立周天历度，其所传则周公受于殷高，周人志之，故曰《周髀》。髀，股也；股者，表也。其言天似盖笠，地法覆槃，天地各中高外下。北极之下为天地之中，其地最高，而滂沱四隤，三光隐映，以为昼夜。天中高于外衡冬至日之所在六万里。北极下地高于外衡下地亦六万里，外衡高于北极下地二万里。天地隆高相从，日去地恒八万里。日丽天而平转，分冬夏之间，日所行道为七衡六间。每衡周经里数，各依算术，用句股重差推晷影极游，以为远近之数。"这是《周髀算经

(下)》里盖天说的宇宙图式,天穹像斗笠,天是穹形的,大地像倒扣着的盘子,大地也是穹形的。天和地两个穹形相隔八万里。北极是天的最高点,也是"盖笠"状天穹的中央,四面下垂,日月星辰环四周日夜旋转。

盖天说认为天穹上日月星辰交替出现导致了大地上昼夜的产生。日月星辰在出现时离地面近,就可以看见它们的光芒,离远了就无法看见。盖天说为了解释天体的东升西落和日月行星在恒星间的位置变化,还设想出一种蚂蚁在磨上的模型:"天旁转如推磨而左行,日月右行,随天左转,故日月实东行,而天牵之以西没。譬之于蚁行磨石之上,磨左旋而蚁右去,磨疾而蚁迟,故不得不随磨以左回焉。天形南高而北下,日出高故见,日入下故不见。"即是说天体都附着在天盖上,天盖周日旋转不息,带着诸天体东升西落。但日月行星运动慢,都仍被带着做周日旋转,这就如同磨盘上带着几个缓慢爬行的蚂蚁,虽然它们向东爬,但由于没有磨盘运转的速度快,仍被磨盘带着西转。

第二盖天说的核心理论模型是其提出的七衡六间图模型。书中用七衡六间图来解释日、月、星辰的东升西落,昼夜长短交替和四季的循环等现象。第二盖天说认为,太阳在天盖上的旋转,每年总共循着七条道路运行,这七条道就叫做"七衡",不同的节气太阳运行在不同的衡上。古人称夏至日道,即北回归线,为"内衡",冬至日道,即南回归线,为"外衡",称春分、秋分日道,也即赤道,为"中衡"。在内衡和中衡之间还有两衡,第二衡表示小满和大暑日太阳运行的道路;第三衡表示谷雨和处暑日太阳运行的道路。在中衡和外衡之间还有第五、第六两衡,第五衡表示雨水和霜降日太阳运行的道路;第六衡表示大寒和小雪日太阳运行的道路。这七衡道是极下,即北天极,为公共圆心的七个同心圆,七个同心圆之间总共有六个间隔,故名七衡六间。

第二盖天说的理论看似完备,细推之,依然有许许多多相关问题不能自

《周髀算经》中的“七衡图”

引自《天文考古通论》陆思贤、李迪著 紫禁城出版社 2000年11月第1版 第35页

圆其说。比如，在天体运行方面，日、月、星辰有东升西落，那它们在升起来之前和落下去之后是在什么地方呢？为什么太阳绕到北极以北，我们就看不见了，而星星绕到北极以北，我们还能看得见呢？这些问题都是古人就提出的疑问。一个理论如果从根本上就不是正确的，那么再多的修改和弥补，再多的解释都不能掩盖其违背真理的漏洞。所以第二盖天说引发的矛盾也接二连三地被提出来，这些问题和矛盾促使着古人对天地结构、宇宙理论进行进一步的研究和探索。(参考《天文历数》)

以上我们简单地讲述了盖天说的历史发展及概况，下面我们就要讲一讲“盖”这个字的缘起和发展。盖，繁体作“蓋”或作“葢”。《说文》:“蓋，苫也。从艸，盍声。”邵瑛《说文解字群经正字》:“今经典多作葢。”盖的本字是从艸的，可知与植物有关，它的本义是指盖屋的茅苫，泛指用白茅等编的覆盖物。后来引申为器物上有遮蔽作用的东西，这就是我们现在所说的事物的盖子了，如车盖、锅盖等。也指伞或伞状物，也指甲壳类动物背部的壳。

进而盖字由名词用法又引申出动词用法，表示“加在上面”。《释名·释言语》:“蓋，加也，加物上也。”我们所说的盖章就是这个意思。盖还有“遮蔽”“遮盖”“掩盖”的意思，《玉篇·皿部》:“蓋，掩也，覆也。”如清王夫之《宋论·太祖》:“一事之得不足以盖小人，一行之疵不足以贬君子。”还有“超

过”“胜过”之义，这个意思应该是从遮盖义进一步引申的，如《史记·秦始皇本纪》：“人迹所至，无不臣者。功盖五帝，泽及牛马。”《北史·王勇传》：“气盖众军，所当比破。”这个意思使用得其实非常广泛，比如我们经常说一些大英雄的“武功盖世”“气盖山河”等等，其中的盖字都是超过、胜过之义。

小小一个“盖”字看似简单又普通，却有如此多的义项和用法，我们以上介绍的也只是举隅而已。可见，我们常常说汉字里有乾坤，还真不是“盖”的呢！

依我们今天的科学认识来看，盖天说的理论从根本上是不正确的，但是要知道这是几千年前的先民们对天地运转的直观感受，所以今人也是无可厚非的。其实在后来的发展中古人也早就已经认识到其错误之处了，但是天圆地方的思想却根深蒂固，甚至影响至今，几乎成了我们传统文化中的一个重要思想，运用在各个领域。由于地被认为是四方的，因此中国古代的地形描绘观念均是东西南北的“四方”观念，地图上分布着所谓“四海”，周围分布的民族是“四夷”。古代的城市建设与规划也遵循方形，如王城“方九里”，侯伯之城“方七里”，另有“方五里”“方三里”等等。房屋的建筑也处处显现出“方”的特色，如典型的四合院的建造模式。北京的天坛设计成圆形的，而地坛则设计成方形的，更是体现“天圆地方”的最突出代表。

“天圆地方”的另一个代表物——筷子，我们日常生活中不可缺少的饮食工具，它的设计也是一头为方，一头为圆的，方的象征着地，圆的象征着天。在《周易》中，方形属坤卦，圆形为乾卦，如此便是表示乾坤之象。乾卦象征着天，常言道，民以食为天。使用的时候，手拿筷柄，用筷头夹菜，坤在上而乾在下，这就是《地天泰》卦，是吉祥之卦象。用筷子时我们很自然地使用三个指头在上控制两根筷子，两个指头在下相辅的动作，在上的三个指头拇指、食指和中指，和两根筷子完美配合，表示天、地、人相贯通。朋友们是不是没有

魏晋墓壁画上的用箸图

引自《筷子》刘云、朱碇欧 著 百花文艺出版社 2007年8月第1版 第5页

想到，小小两根竹棍子，竟然还有这么多讲究。所以我们日常的餐桌礼仪中，有关筷子的忌讳也有不少：比如不能将多根筷子随意凌乱地放在桌子上，这样容易形成“三长两短”，是不吉利的象征。再比如使用的时候不分上下随意拿握，这样就会“颠倒乾坤”，不仅不礼貌，也是犯了大忌呢！还有不慎将筷子掉落在地，这样是“落地惊神”，古人认为祖先都是在地下长眠的，这样就会惊扰到先人，也是非常不应该的行为。筷子的使用有几千年的历史，与筷子相关的文化和礼仪还有非常多，看来真是不能小看我们日常生活中平凡得不能再平凡的筷子了，两根竹箸竟然藏有如此玄机，充分说明了我国古代传统文化的博大精深！其实“天圆地方”的思想不是指严格刻板的形状上的“方”和“圆”，而是一种阴阳调和学说的思想意识。

盖天说思想起源甚早，又几经修改和补充，但仍然挡不住掩盖在下面的真实情况和重重矛盾，所以在盖天说之后，我国古人对宇宙理论、天地结构的探索又发展出了几种不同的学说，细观这个过程，我们能看到古人认识水平的逐步提高，他们正在探索中一步一步走向真理。

【"浑"然天成】

从很久很久以前的上古时代起，人类就对生活的这个世界的来源充满了疑问和好奇。天和地到底是如何形成的？天和地到底是什么样子的？日、月、星辰到底是如何运行的？有种种疑问就有种种回答，也因此而产生了许许多多的创世神话。古希腊神话中记载，宇宙之初只有卡俄斯，卡俄斯就是混沌，是一切世界及概念的开始，它的形状不可描述，它是一个无边无际、一无所有的空间。

上古的人们普遍认为，在现在的世界形成之前，也就是天地上下分开之前，世界是一团浑沌的状态。那么什么是"浑沌"的状态呢？浑沌就是天地开辟以前宇宙间清浊不分的状态。关于浑沌的内涵，《庄子·应帝王》中曾有个这样的神话故事："南海之帝为倏，北海之帝为忽，中央之帝为浑沌。倏与忽时相与遇于浑沌之地。浑沌待之甚善。倏与忽谋报浑沌之德，曰：'人皆有七窍，以视、听、食、息，此独无有，尝试凿之。’日凿一窍，七日而浑沌死。”就是说南海之帝叫做倏，北海之帝叫做忽，中央之帝叫做浑沌。倏与忽经常在浑沌所统治的中央之地相遇，浑沌对待他们非常好。倏与忽便商量着要报答浑沌的恩德，他们说：“凡是人都有七窍，来看、听、吃和呼吸，而中央之帝浑沌却独独没有七窍，应该帮他凿出七窍来。”于是就每天给他凿出一窍，七日后，七窍凿齐全了，浑沌却死了。在这则神话故事中，庄子把浑沌人格化了，他代表着天地开辟前宇宙模糊一团、浑浑噩噩的境界。当浑沌有了七窍之后，也就是宇宙失去了模糊的状态，变得明朗了，那么也就意味着浑沌死去了。

讲完“浑沌”，我们不得不说说“浑”这个字。浑，繁体作渾，《说文·水部》：“浑，混流声也。从水，军声。一曰洿下貌。”意思是水喷涌的声音。《玉篇·水部》：“浑，水喷涌之声也。”我们可以看到，浑本来是用来形容水流动的汩汩之声的。但是《说文》在“军声”后面还有一句“一曰洿下貌”补充。洿，是浊水池的意思，《说文》：“洿，浊水不流也。”所以从这个“一曰”，浑也有浑浊、污浊的意思。《老子》第十五章也有：“旷兮其若谷，浑兮其若浊。”所以我们今天说的“浑浊”之义是自古就有的。

“浑”除了这两个比较“实在”的义项外，还有“全”“满”“整个”的意思，以及由此引申的副词用法，表示范围的相当于“皆”“都”，如王安石的《若耶溪归兴》“汀草岸花浑不见，青山无数逐人来”；表示程度的相当于“完全”“简直”，如杜甫《春望》“白头搔更短，浑欲不胜簪”；表示频率的相当于“还”“仍”，如杜甫《十六夜玩月》“巴童浑不寐，半夜有行舟”。另外，浑还有一些专有名词的用法，如：作河流名；我国古代少数民族吐谷浑的省称；作姓氏等等用法。需要注意的是，在以上这些义项和用法中，浑字读音均为hún，阳平调。

“浑”还读作hùn，去声。这个读音的用法首先可以和“混”相通用，可表示“混杂”“混同”,《集韵·混韵》:“混,或作浑。”可表示“蒙混”,可表示“胡乱”“随意”,也可表示“苟且取得”等意思。除了同“混”外,四声的浑还有许多其他的义项和用法。有“大”的意思,比如我们所说的“浑大”;还有“盛”的意思,《方言》卷二:“浑,盛也。”《广雅·释诂二》:“浑,盛也。”还可表示“质朴”“自然”;也表示“纯”“无杂质”,如古人常说“浑铁”“浑银”,就是纯铁、纯银的意思。这里还要特别强调一下,这个读音中的一个义项——我国古代天体学说之一,这就是我们下文要讲的“浑天说”。

浑字虽然看起来在字典中有这么多义项,但实际上,有许多都是古文中的用法,在现代汉语中已经很少使用或者根本不用了。所以我们在学习一个字的时候不要被它的众多义项所吓倒,而是要理清它的发展变化脉络,并总结出其中的重要义项来加以掌握。

讲完“浑”字我们就要回到天文学中来了,继续来讲天文学领域中的“浑”到底是怎么样的情况。

在我国,流传着一个家喻户晓的故事,那就是盘古开天辟地。有关盘古的记述最早起自三国时吴国徐整的《三五历记》。原文是这样说的:“天地浑沌如鸡子,盘古生其中。万八千岁,天地开辟,阳清为天,阴浊为地。盘古在其中,一日九变,神于天,圣于地。天日高一丈,地日厚一丈,盘古日长一丈。如此万八千岁,天数极高,地数极厚,盘古极长。后乃有三皇。”徐整又在他的《五运历年纪》中详细记载了盘古是如何化为世间万物的:“天气蒙鸿,萌芽兹始,遂分天地,肇立乾坤,启阴感阳,分布元气,乃孕中和,是为人也。首生盘古,垂死化身;气成风云,声为雷霆,左眼为日,右眼为月,四肢五体为四极五岳,血液为江河,筋脉为地里,肌肉为田土,发髭为星辰,皮毛为草木,齿骨为金石,精髓为珠玉,汗流为雨泽,身之诸虫,因风所感,化为黎氓。”盘古开天辟地的神话产生后就被华夏先民所接受并流传开来,盘古就成了我国上古神话

河南省驻马店市
盘古园
作者摄于2011年春

中开天地的大英雄。

如果说前面我们所讲的创世神话故事在科学界是完全站不住脚的，只能在文化界流播的话，下面我们就要介绍一下在科学领域的天文学界，古人对于天地构造的代表学说。之前我们已经介绍过其中一种也是较早的一种学说——盖天说，既讲了它的发展流变，也讲了它是如何不能自圆其说，以至于天文学家们不得不另寻他法。本文我们要讲的“浑天说”就是继“盖天说”之后又一具有代表性的天地构造理论学说。

西汉的扬雄认为浑天说的理论起源于当时的落下闳。扬雄的《法言 · 重黎》中曰：“或问浑天，曰：落下闳营之，鲜于妄人度之，耿中丞象之。几乎，几乎！莫之能违也。”浑天说表述较完整的理论体系见于东汉天文学家张衡的《浑天仪注》。《晋书 · 天文志》中记载了张衡这一理论体系：“天如鸡子，地如鸡中黄，孤居于天内，天大而地小。天表里有水，天地各乘气而立，载水而行。周天三百六十五度四分度之一，又中分之，则半复地上，半绕地下，故二十八宿半见半隐，天转如车毂之运也。”

这个说法就是浑天说的基本观点，所以可以说张衡是浑天说的代表人物。我们可以看到，张衡用了一个非常形象的比喻，深入浅出地将天地这一结构描述了出来，并且这一说法已经非常接近现代科学对地球结构的解释，可以说这在一定程度上达到了比较高的认识水平，充分体现了我国古代人民的智慧。

随着浑天说的理论系统完备，在实践方面，张衡还根据浑天说的理论改进了前人发明的浑天仪，也即是浑象。浑象是一种演示天体变化的仪器，张衡将浑象和漏壶装在一起，利用漏壶漏水计时的均匀性使浑象规律均匀转动，来演示天象变化，所以经张衡改良后的浑天仪又叫做漏水浑天仪。浑天仪的构造很像现在的地球仪，但更为复杂，仪器主体呈圆球状，标注有南北极、赤道、黄道和一些重要纬度。张衡还为浑天仪写了一本结构说明书，称为《浑天仪图注》。《浑天仪图注》先讲了浑天说的基本观点，天地结构的基本样

浑仪
引自《浑天仪与地动仪》 王忠强 编著 吉林文史出版社 2010年3月第1版 第52页

子，然后详细介绍了仪器的用法和用途，可以说是理论和实践并重的发明，对后世影响很大。

浑天说产生之后，引发了盖天说和浑天说的争论。盖天说主张天在地的上方悬着，像一把大伞遮盖地；而浑天说认为天像鸡蛋包着蛋黄那样包着地。所以争论的焦点就是到底地的下面有没有那另一半的天，天到底能不能在地的下面。按照我们今天的科学认识来看，自然是浑天说比盖天说更接近实际情况，但是我们知道，在我国古代的思想文化中，天圆地方的观念早已形成，天在上，地在下，天尊地卑的思想深入人心，也被统治者用来施展威仪。古代帝王尊崇高高在上的天，认为那是神圣的权力的象征，而自己是天之骄子，所以天高地低，君高臣低是不容变更的。由于存在这样的思想基础，所以浑天说出现后很长一段时间内是不被人接受和认可的，也没能在短时间内代替盖天说。

当然，囿于较低下的研究水平，浑天说也有它站不住脚的地方，人们对它的疑问也是一直伴随着它的理论发展而存在的。比如浑天说理论中的各种数据历来受到天文学家、数学家的反驳和质疑。但是，虽然说浑天说也有这样那样的问题，我们应该能理解，当时人们在科技水平如此落后的状态下能够达到这样的认识水平实则已经非常先进了，所以浑天说也受到天文学家、历法家的重视，并且在西方先进科技传入之前，我国古代一直未能有从根本上超越其的新理论出现。浑天说就这样占据了千年的时间，并且隋唐以后，盖天说也渐渐淡出了人们的视野。

现在我们经常用“浑浑噩噩”这个词来形容一个人糊里糊涂、无所事事的生活状态，似乎这个词被定性为了贬义词。但实际上浑浑噩噩最开始使用的时候并不是这个意思。汉扬雄《法言·问神》:“虞夏之《书》浑浑尔，《商书》灏灏尔，《周书》噩噩尔。”在这个例子里面，“浑浑”是表示浑厚质朴的样

南京天文台浑仪
引自《浑天仪与地动仪》王忠强 编著 吉林文史出版社 2010年3月第1版 第34页

子;“噩噩”是表示严肃正大的样子;后来浑浑噩噩连用表示淳朴的意思,与今天我们所使用的意思有很大的区别。比如明胡应麟《诗薮·古体下》:“两京歌谣,便自浑浑噩噩。”是说两京歌谣很淳朴。清蓝鼎元《饿乡记》:“其民浑浑噩噩,忘贫富贵贱。”是指人民很淳朴。这些例子中的浑浑噩噩都不能按照今天的意思来理解,这需要我们多加注意。

由此看来,在我们的生活当中,无论是学习也好,做事也罢,都要有严谨的态度和追求真理的精神,切不可“浑浑噩噩”或是经常“犯浑”呦。

【谈幻说“空”】

自古至今，人类总是对那悬在我们头顶上方的天空充满无限的想象和向往。我们好奇那变幻莫测的神秘世界，有时也恐惧那些无法解释的种种现象。于是我们渴望像鸟儿一样可以自由地飞上那片青空，去探个究竟。

在古今中外的神话和传说中，对于飞天的故事可谓俯拾皆是。最早的时候，人们就根据自己对可以飞翔的鸟儿的直观认识，幻想自己也能长出一双翅膀，飞到天上去。古希腊神话中有许多背部有翅膀的天使和神灵，他们能够自由往返天界和人间，传递着上帝的旨意。印度的佛教故事中记载有“乾达婆”，是梵文Gandharva的音译，意译为“天歌神”。又因为他周身散发香气，又称“香音神”。佛经中记载乾达婆能飞行天宫，常常为帝释表演音乐。这也是中国佛教中“飞天”形象的源流之一。

秣菟罗艺术中，佛陀坐像后面的两身飞天，是现存最早的飞天形象
引自《诗心舞魂——中国飞天艺术》龚云表 编著 上海书店出版社 2004年5月第1版 第6页

中国神话名著《山海经》里也有类似的形象，称为“羽人”。《山海经·海外南经》中载：“羽民国在其东南，其为人长头，身生羽。”王逸注曰：“《山海经》言有羽人之国，不死之民。或曰人得道，身生毛羽也。”这也是后来我国佛教“飞天”形象的源流之一。

经过多种文化的长期交融和发展，最终孕育出了中国的飞天艺术形象。北魏时期杨衒之的《洛阳伽蓝记》卷二中记载：“石桥南道有景兴尼寺，亦阉官等所供立也。有金像辇，去地三丈，上施宝盖，四面垂金铃、七宝珠，飞天伎乐，望之云表。作工甚精，难可扬榷。”这是我国古文献中第一次出现“飞天”的记载。“飞天”的形象我们并不陌生，多见于敦煌佛教石窟中的壁画上，长裙飘逸、彩带飞舞的仙女，手持乐器，或反弹琵琶，或吹笛击鼓，身姿曼妙，惟妙惟肖。朋友们也许还记得，在2008年的央视春晚上，舞蹈节目《飞天》中

《山海经·海外南经》中所记载的羽民国人
引自《诗心舞魂——中国飞天艺术》龚云表 编著
上海书店出版社 2004年5月第1版 第16页

七名舞蹈演员用高超的舞蹈动作，配合优美旋律演绎了敦煌壁画中的飞天仙女，给观众朋友们献上了一场视觉盛宴。

后来也有各种借助器物飞行的神话故事，如我们都非常熟悉的西方的女巫骑扫帚飞行，阿拉伯故事中的可以飞天的魔毯，以及中国古代神仙传说中的各种神兽坐骑等等，这些无不反映着古人对飞天的各种迫切渴望。《西游记》中的齐天大圣的筋斗云更是厉害，一个筋斗十万八千里！当然最“理想”的还是不借助任何法器，也不用长出翅膀，而是自身修炼到一定境界或是吃了仙丹仙果，然后获得可以飞天的本领。在中国古代的传说中，最让人心生嫉羡，也最优美动人的当是“嫦娥奔月”的故事了。

前面我们所讲的，都是在神话传说范围内的飞天梦想。到了明朝的时候，也就是公元14世纪，我国出现了一位将飞向天空的梦想付诸实践的飞天英雄——万户。万户原名陶成道，因为朱元璋立过大功而被封赏“万户”。他曾坐在绑满自己制作的火箭的椅子上，然后双手举风筝，希望借助火箭燃烧的助推力将自己带到天上，然后依靠风筝的浮力飞行，但最终由于技术不成熟，火箭爆炸，万户牺牲了。

虽然现在看来这种行为技术非常不成熟，但在当时，这种想法是非常先进的，因此，虽然实验最终不算成功，但陶成道却是开创世界航天事业的第一人。美国一位叫詹姆斯·麦克唐纳的火箭专家，称中国的万户为青年火箭专家，是人类第一位进行载人火箭飞行尝试的先驱。为了纪念万户，国际天文学联合会还曾将月球上的一座环形山以“万户”命名，以此来纪念这位中国古人对世界航天事业做出的不朽贡献，也算是替万户完成了飞天的心愿。

讲了这么多关于古今中外的飞天故事，有神话传说，也有真实事件，足以说明，古代的人类对天空充满了极大的好奇与向往，无时无刻不想飞上去看个究竟。今天我们就来说一说天空。

从“天空”这个名称就可以看出，我们头顶的这片看得见却摸不着、无边无界的物质的最直观的属性。“天”字古文字写作“”、“”，象人之形而突出头部，所以天字最初是指人的头部，《说文·一部》：“天，颠也。”因为头部在人体上至高无上，后来表示头顶上方的青天，这体现了古人认识到的天空在我们的上方。“空”则是体现了天空摸不到、抓不住的虚无的特点。“空”可以说是非常简单又常见的字，但是，大家有没有想过这个字为什么要这样造呢？

《说文》：“空，窍也。从穴、工声。”段玉裁注：“今俗语所谓孔也。”《说文》的意思很清楚，“空”字是个形声字，上半部分的“穴”是形旁，指示字义，下面的“工”是声旁，表示读音，空的本义就是指孔、洞。“空”字金文有“”、“”等写法。我们从第一个字形就可以看出，起初只有象形“穴”的部分。

"穴"是洞窟、洞穴的意思，最初表示像我们现在见到的窑洞一类的土室。"窍"也是指孔和洞，《说文》说："窍，空也。"《玉篇》也说："孔，窍也，空也。"所以将"空"放在"天"后面组成"天空"，很清楚地表明了它的特点。

我们经常将"空"和"虚"连用组成"空虚"一词，表示空无、虚无、虚幻，现在也被人们用来形容内心感觉不充实。其实这个词是近义词连用形成的词，"空"的近义词"虚"有很多词义，和空的用法相同。也是指洞孔、空隙，又引申指薄弱环节。

当然，"虚"也可以表示空际、天空。用"虚"表示天空的用法在古文作品中也有很多，如三国魏何晏《景福殿赋》："飞阁干云，浮堦乘虚。"晋葛洪《抱朴子·对俗》："萧史偕翔凤以凌虚，琴高乘朱鲤于深渊。"宋苏轼《前赤壁赋》："浩浩乎如冯虚御风，而不知其所止。"这些文句中的"虚"都是指天空。另外，我们在古文献中常能见到"太虚"一词表示天空，如《文选·孙绰〈游天台山赋〉》："太虚辽廓而无阂，运自然之妙有。"李善注："太虚，谓天也。"

"空"作为一个哲学概念，是佛教文化中极其重要的内容。佛教认为万事因空而始，万物缘空而生，众生性空。所谓"万有均是缘起，缘起即性空"，《维摩经·入不二法门品》："色即是空，非色灭空，色性自空。"大乘佛教以观空为入门，所以我们常用"空门"来泛指佛门、佛法，所以说一个人皈依佛教，也说"遁入空门"。宋陆游《醉题》诗："不学空门不学仙，清樽随处且陶然。"空和有是佛门对世间万物一切存在的两种看法，什么是空，什么是有，什么可以空，什么必须有，这"空"的真谛到底为何，还须读者各人自己悟才好。

被称为"诗佛"的唐代大诗人王维从中年以后因为社会、政治的变故，变得日益消沉，开始吃斋念佛，在佛理和山水中寻求寄托，过着半隐居的生活。因此王维后期的诗作多充满禅意，清远幽静，超凡脱俗，有一种远离尘嚣的自然之美。明代胡应麟就曾经评价王维的这一类作品是"却入禅宗"。这些作

玉龙雪山的天空
作者摄于2015年4月

品中带有“空”字的诗句更是不胜枚举，王维把空字用得不仅仅是恰到好处，而且可以说是出神入化。

我们都很熟悉那首著名的《山居秋暝》，“空山新雨后，天气晚来秋”，诗的开篇即以一“空”字领起，奠定了全诗空灵澄净的格调，写秋却不落入俗套地悲秋，而是写出了一种声色俱佳、清新恬淡的优美韵味。再来看同样是山中的景色的《山中》，这是一首写初冬季节山中景色的小诗，诗的后两句“山路元无雨，空翠湿人衣”，可以说是描写得尤为别致，山中并无下雨，为什么又会沾湿人的衣服呢？原来是这山中的绿色太过青翠欲滴了啊。一个“空”字写出了山中一望无际、空明入幻的绿色，人们被这种绿色包围，身心都仿佛受到感染，用无写有，可谓妙哉！《送綦毋秘书弃官还江东》中的“秋天万里净，日暮澄江空”，也是写秋景的佳句。秋高气爽，万里无云，一个“空”字让江天一色，仿佛天地间都融为一体，一切都那么辽远、空灵。《早秋山中作》写诗人向往隐逸的生活，诗句“寂寞柴门人不到，空林独与白云期”，写出了独居的生活状态，无车马喧嚣，无世人打扰，只有自己在空旷幽静的山林中和白云约会，“空”字将这种清静、与世隔绝的环境表现得恰到好处。最后再举《鸟鸣涧》的例子，这是一首五言绝句：“人闲桂花落，夜静春山空。月出惊山鸟，时鸣春涧中。”全诗最大的特点是用了以动衬静的手法写出了春山的静。花落、月出、鸟鸣，都是动态，但却是极其微小的动态，若在喧哗中定会隐没的动态，这才更加衬托了环境之清幽静谧，让读者仿佛置身其中，深切地感受到了这“空”山中的静夜氛围。

王维诗歌中的“空”字可以说是他的标志性用法了，有很多专家、学者就其诗文作品中的“空”字以及佛学思想做过全面、系统的研究，感兴趣的朋友们不妨看一些相关的研究文章，看看王维的诗作，去真切地感受一下“空”字的奥秘和美妙！

无论是碧空如洗、风轻云淡的晴空，还是万里无云、星光满布的夜空，每当我们抬头仰望天空的时候，总会被这片世界所打动，心怀感触，思绪万千。想想看，往古至今，多少世代以来，有过多少天文爱好者和天文学家，被这片无边无界又变化万千的广袤天空所吸引。然而古人的飞天梦已经在今人的努力中渐渐实现了，我们相信，总有一天，我们会飞得更高、更远，离环绕我们的神秘宇宙更近一步！

斗破苍“穹”

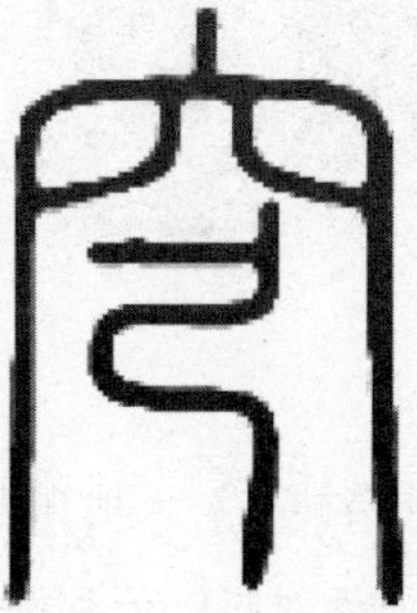

古代的时候，杞国有一个人，担心天会崩坠，地会塌裂，自己到天崩地裂的时候没有地方可以存身，于是整天吃不下饭，睡不着觉。有一个人就去开导他说：“天是气聚积而成的，没有一个地方不是气，你每天呼吸、活动，都是在这气体中进行的，怎么还会担心天会崩坠呢？”那个人又问：“天是气体积聚而成的吗？如果是气体，那么为什么天上的日月星辰不会掉下来呢？”开导他的人回答说：“日月星辰只是这气体中的光亮而已，即使掉下来也不会砸伤人啊！”那个人又问：“那如果地塌裂了怎么办？”开导他的人说：“地是土块堆积而成的，没有地方不是土块，你每天走路，跳跃，整天都在这地上进行的，怎么还会担心它会塌裂呢？”听到这些解答，那个人终于开心起来了。

这就是著名的“杞人忧天”的故事，在《山海经》《淮南子》《列子》《史记》等文献中均有记载，现在我们一般用来比喻不必要的担心。这个故事实

杞人忧天的故事

引自《成语故事》谭树辉 主编 江西美术出版社 2012年3月第1版 第89页

际上也反映了古人忧国忧民的精神和对天地探索的求知欲。

那么开导杞人的那个人说得对吗？天到底是怎么回事呢？甲骨文中天写作“”，是个人形的摹绘，金文中有等写法，也是大头人体的样子，后来逐渐将上部的头形用短横代替了，慢慢演变成了现在我们熟悉的天字。《说文 · 一部》：“天，颠也。至高无上，从一大。”王国维《观堂集林》：“古文天字本象人形。……本谓人颠顶，故象人形。……所以独坟其首者，正特著其所象之处也。”

古人对天的观察、认识和描写非常深入和细致，从天的众多代称中我们就可以窥知一二。《管子 · 心术上》：“天曰虚。”因此有非常多的含“虚”的词语指代天，如：虚无、虚空、虚廓、太虚、空虚、碧虚、玄虚、紫虚、清虚、冥虚、翠虚、青虚、灵虚。与“虚”相似的“空”字和“清”字，也是一样的，如：天空、苍空、太空、长空、昊空、瑶空、层空、清空、虚空、碧空、圆空；清灵、清穹、清浮、清冥、清虚、清昊、清旻、玄清、浮清、太清等等。说明古人对“天”的直观感受就是虚空的，缥缈的。

古人对天还有“无限高”“无限寥廓”的感觉。对天的颜色古人也有精妙的认识，古人形容天空的色彩，常常用“苍”“碧”“青”“玄”“紫”等词来形容，可以说是精当又传神的。对天的形状又用“圆”“穹”“盖”等词，都表达了古人对头顶的这不知来源的物质的感性认识。

古希腊罗马神话中扛起天穹的阿特拉斯

引自《历史哲学深谷里的回音》赵鑫珊 著 上海辞书出版社 2007年10月第1版 第216页

今天我们就来说说其中一个古人常常用来表示天的字——穹。《说文·穴部》：“穹，穷也。从穴，弓声。”段玉裁注：“穹者，极也。”我们看到，“穹”字本是和“穷”同义，表示“穷尽”“极”的意思。“穹”还表示“高”“大”，《尔雅·释诂上》：“穹，大也。”《汉书·司马相如传上》：“触穹石，激堆埼。”颜师古注引张揖曰：“穹石，大石也。”《玉篇·穴部》：“穹，高也。”《文选·司马相如〈长门赋〉》：“正殿块以造天兮，郁并起而穹崇。”李善注：“穹崇，高貌。”再如“穹穹”“穹峻”“穹崇”等词，都是表示高大的样子，“穹居”指高大的住所，“穹宫”指高大的宫室、祠堂；“穹阶”指高台阶，也借指高官显爵；“穹墉”指高墙；“穹岭”指高山；“穹爵”“穹显”都是指崇高的爵位，名高爵显。

“穹”字表示最多的意象还是跟“天”有关，因此它本身也可表示天，也有很多包含“穹”字语素的词语表示天。《尔雅·释天》：“穹，苍苍，天也。”郭璞注：“天形穹窿，其色苍苍，因名云。”《诗·大雅·桑柔》：“靡有旅力，以念穹苍。”唐李白《暮春江夏送张祖监丞之东都序》：“手弄白日，顶摩青穹。”元高明《琵琶记·丹陛陈情》:“澄澄湛湛,万里璇穹,一片团团月初坠。”带有“穹”字语素表示天的词语如:昊穹、乾穹、层穹、高穹、苍穹、青穹、玄穹、紫穹、璇穹、清穹、上穹、皇穹、旻穹、穹天、穹圆、穹冥、穹汉、穹碧、穹玄、穹宇、穹昊、穹苍、穹隆、穹极。

用“穹”字表示天是和古人对天的直观认识有关的。古代天文学认为天似圆盖,和“穹”指中间高、四周低的穹隆相似,故称。五代徐锴《说文解字系传·穴部》:“穹,隆然上高也。”汉扬雄《太玄·玄告》:“天穹隆而周乎下。”范望注:“穹隆,天之形也。”《尔雅·释天》“穹苍”晋郭璞注:“天形穹隆,其色苍苍,因名。”《文选·陆机〈挽歌〉》:“旁薄立四极,穹隆放苍天。”张铣注:“穹隆,天之形。”

晋陆云《九愍》“范方地而式矩,仪穹天而承规”,其中“穹天”指天;《乐府诗集·燕射歌辞二·北齐元会大飨歌之一》“宾朝荒夏,扬对穹玄”和宋王禹偁《放言》诗“静筭人间事偶然,穷通未必在穹玄”中的“穹玄”指苍天;清赵翼《响水塘》诗“天下瀑布皆下垂,兹独仰喷向穹宇”中“穹宇”指天空;南朝宋谢灵运《宋武帝诔》“如何一旦,缅邈穹昊”和宋范仲淹《稼穑惟宝赋》“故能富庶之风,告成穹昊”中的“穹昊”指苍天;南朝陈徐陵《陈文帝哀策》“亿兆何衅,穹旻遽倾”中的“穹旻”指天,尤其指秋季的天,因“旻”指秋天;明刘基《甘露颂》“天乳耀芒,烨于穹圆”中的“穹圆”也是指天;唐赵蕃《月中桂树赋》“转低影于穹碧,擢幽姿于颢初”中的“穹碧”也是指天空;清赵翼《仙霞岭》诗“何年通往来,线路入穹汉”中的“穹汉”指银河,借指天空;清黄燮清《十一月朔大雪》诗“搔首问穹阊,心与愁云结”句中的“穹阊”指天门,借指苍天;另外还有“穹庭”“穹极”“穹仪”“穹冥”等等词语都是古人对天的称呼。

除了“盖天说”“浑天说”之外,我国古典天文学中对天地构造的认识还有另一种具有代表性的学说，即“宣夜说”。宣夜说和前两种学说具有本质上的区别，它摆脱了天是有固定形态的思维局限，而主张天地无边，宇宙无限。这一认识可以说在杞人还会忧天的古代社会来说，是比前两种学说都前进了一大步。现存较为完整的关于宣夜说的资料见于《晋书·天文志》：“宣夜之书亡，惟汉秘书郎郄萌记先师相传云，天了无质，仰而瞻之，高远无极，眼瞀精绝，故苍苍然也。譬之旁望远道之黄山而皆青，俯察千仞之深谷而窈黑。夫青非真色，而黑非有体也。日月众星，自然浮生虚空之中，其行其止皆须气焉。是以七曜或逝或住，或顺或逆，伏见无常，进退不同，由乎天所根系，故各异也。故辰极常居其所，而北斗不与众星同没也；摄提、填星皆东行，日行一度；月行十三度。迟疾任清，其无所系著可知矣，若缀附天体，不得尔也。”由此我们可以看到，虽然“宣夜说”还是不可避免地存在历史局限性，但至此古人对天地的认识已经非常先进了。

古人看天、识天、说天、论天，认为万物莫大于天，天也因此成了古人信仰文化的核心内容，成了人们的最高崇拜。《说文》训“天”为“颠”，指为头顶，无论是人之“颠”还是空间之“颠”，都是至关重要的。在我国，“天”具有丰富的民族文化内涵，中国古代的“天”崇拜始于原始社会，古代文献中存有大量关于“天”的研究。两汉以后，“天”与“人”的关系研究甚至成为了我国古代哲学思辨的主命题。

在民间，很多风俗习惯也与“天”有关，有些甚至还流传至今，比如我们最熟悉的，结婚的时候要“一拜天地”。现在几乎每个人的口头禅中都会有一句“我的天”，看到令人惊讶的事情也会情不自禁地喊道“天呐”，足见“天”在我们心目中的地位可以说是至高无上，无可取代的！

讲到“穹”字，我们前面提到了，它是指中间隆起四边较低的样子，这个造型在伊斯兰的建筑清真寺上得到了很大的体现，称为穹顶建筑。穹顶建

河南洛阳新街清真寺

引自《河南百坊清真寺》李尊杰 主编 民族出版社 2009年9月第1版 第60页

筑，或叫圆顶建筑，是一种常见建筑结构，外形类似一个空心球体的上半部。耶路撒冷的圆顶清真寺就是代表建筑之一。另外在欧洲的中世纪的很多教堂中，也运用了这种建筑风格，特别是在文艺复兴时期，还发展了多层穹顶层叠的样式。可以说，这种穹顶式建筑不仅在实用性上可以扩大空间，在建筑风格上也具有浓浓的宗教色彩，会让人产生威严、神秘的感觉，更体现了对信仰虔诚、严肃的态度。

古人常说"苍穹"，这是个非常有意境的词语，望之就让人视野辽远、心境宏阔。古人搔首问苍穹，问的是憧憧之心；泣血誓苍穹，发的是豪言壮志。抬头看天，低头做人。我亦是个喜欢仰望天空的人，人心太小，人事太俗，只有放眼天际，才能收获辽阔的视野和不惑的心境。

【包举“宇”内】

我国古人对天文天象的观察可以说是细致入微、兢兢业业，也形成了一套较为完备的天文学体系。不仅如此，先贤们在对天地观察、认识的过程中，还形成了一系列对时空思考的宇宙观。不过天文学中的宇宙观只是我国古代宇宙观的一小部分，大部分对其进行深刻讨论的则是我国古代的哲学家们，他们对时空、宇宙都形成了自己的认识和一定的理论观点。其中早期的比较有影响力的如老子、庄子、尸子、墨子、淮南子等等。

从古人对“宇”“宙”两个字的字形构造就可以窥视到古人对天地的最初理解。

我们这里先来说一说“宇”。“宇”字从宀，于声，本义是指房檐，《说文·宀部》：“宇，屋边也。从宀，于声。《易》曰：‘上栋下宇。’寓，籀文宇从禹。”宇字金文有、等写法，从中就可以看到其造字的本义，是

银河系是宇宙沧海一粟

引自《360度图解十万个为什么·天文地理篇》刘香英 编写 陕西人民出版社 2006年2月第1版 第103页

（宀）和（干）的组合，其中宀是房屋的象形字，甲骨文写作、、等字形，都是房屋的造型。《说文·宀部》："宀，交覆深屋。象形。"王筠《说文句读》："交覆对广而言，广是堂皇形，三面有墙，宀是房室形，四面有墙。"所以我们可以知道从"宀"的"宇"也是房屋的一种。"宇"后来小篆写作""，是将"干"下曲笔了，后来隶定就误写成了（于）。

这就反映了古人对天地的直观认识，认为天是一个大遮盖，由天柱支撑着，像大凉亭一样的。《说文》中说"宇"是"屋边"，也就是屋檐的意思。《诗·豳风·七月》："七月在野，八月在宇，九月在户。"陆德明释文："宇，屋四垂为宇。《韩诗》云：'宇，屋霤也。'"陆德明对诗句中的"宇"也作了详细解释，是指房屋的"四垂"，也即是屋檐。还引了《韩诗》的解释，"屋霤"也是指屋檐，"霤"本义是指屋檐流下的水，也泛指屋檐。还有《淮南子·览冥》："凤凰之翔，至德也……而燕雀佼之，以为不能与之争于宇宙之间。"高诱注："宇，屋簷也；宙，栋梁也。"高诱的注解也是同样的意思，"簷"与"檐"同，由此也可以看出"宇宙"起初的意思并不是我们今天所指的时空之义。

"宇"由屋檐义一方面向"屋"偏义，引申为"房屋"，如《楚辞·招魂》：

"高堂邃宇，槛层轩些。"王逸注："宇，屋也。"也有"住处""居住"的意思，如《广雅·释诂二》："宇，尻（居）也。"由这个义项所构成的词语也有很多。如我们常说的"琼楼玉宇"中的"玉宇"就是指用玉建成的殿宇，传说中天帝或神仙的住所，也泛指华丽的宫殿。

"宇"由"屋檐"义还向"檐"偏义，引申为其他物体的"四垂"。小到车轮，指车盖四周向外伸出的部分。《周礼·考工记·轮人》："轮人为盖……上欲尊而宇欲卑。上尊而宇卑，则吐水疾而霤远。"郑玄注："隤下曰宇。"这个意思很像我们现在的车轮上的挡水、挡泥的泥瓦，对于车轮来说，这就很像房檐对于房屋的作用。大到"国之四垂"，也就是指国境和疆土。《左传·昭公四年》："或多难以固其国，启其疆土；或无难以丧其国，失其守宇。"杜预注："于国则四垂为宇。"又指天下、世界。汉贾谊《过秦论》："有席卷天下、包举宇内、囊括四海之意。"再引申就接近于我们今天所说之"宇宙"了。《庄子·庚桑楚》："有实而无乎处者，宇也；有长而无本剽者，宙也。"郭象注："宇者，有四方上下，而四方上下未有穷处。"就是指上下四方整个空间。

我们今天认为宇宙是指无限时间和无限空间中一切物质及其存在形式的总体。古人对这一概念的认识起源甚早，且经历了漫长的岁月，这漫长的过程包含了古人丰富的哲学思辨。《庄子·让王》中云："余立于宇宙之中，冬日衣皮毛，夏日衣葛絺；春耕种，形足以劳动；秋收敛，身足以休食；日出而作，日入而息，逍遥于天地之间。"这里的"宇宙"指的是"天地之间"。《尸子》卷下有"上下四方曰宇，往古来今曰宙"，包含空间和时间两项。《淮南子·原道》："横四维而含阴阳，纮宇宙而章三光。"高诱注："四方上下曰宇，古往今来曰宙，以喻天地。"《墨子》中有"宇，弥异所也，久（宙），迷异地也"的论述，也包括有空间和时间的意思。《庄子·庚桑楚》对宇宙性质的描述是：

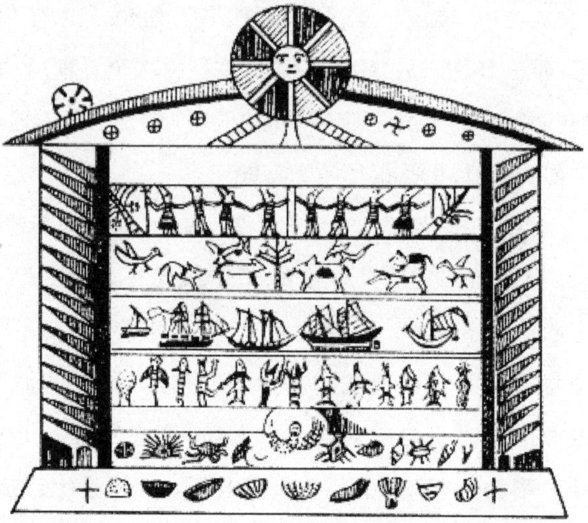

东南亚一带海岛民族神话中的宇宙构造图解。顶端天穹有太阳，中间是大地，最底层为海洋。引自《历史哲学深谷里的回音》赵鑫珊 著 上海辞书出版社 2007年10月第1版 第215页

“有实而无处乎者，宇也；有长而无本剽者，宙也。”意思是说“宇”是实在的空间，却没有界限；“宙”是久远的，但却没有本末；即是说空间没有界限，时间没有始终。汉代张衡也进一步提出“宇之表无极，宙之端无穷”，即宇宙无限的思想。这种无限时空的概念当是现代科学中“宇宙”一词的东方渊源。

宇宙的起源问题，一直都是各民族先民永恒的哲学话题。我国古代的老庄思想认为，宇宙起源于“道”，而这个“道”并非“常道”。此“道”乃无象无形之物。《庄子·知北游》中云：“夫昭昭生于冥冥，有伦生于无形，精神生于道。”庄子在《大宗师》中又云：“夫道，有情有信，无为无形；可传而不可授，可得而不可见；自本有根，未有天地，自古以固存；神鬼神帝，生天生地，在太极之上而不为高，在六极之下而不为深，先天地生而不为久，长于上古而不为老。”

庄子说的玄而又玄的，实际上，我们细审之就会发现，庄子所说的“道”乃为“无”，即宇宙万物是“无中生有”的。

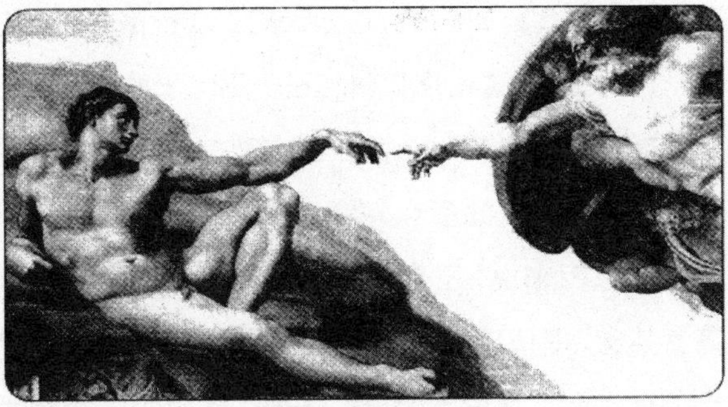

《创造亚当》，这是《创世纪》天顶画中的动人一幕

引自《关于世界名画的10个故事》李予心 编著 南京大学出版社 2012年5月第1版 第18页

在《淮南子·天文》中有这样一段话："道始于虚霩，虚霩生宇宙，宇宙生气。气有涯垠，清轻者薄靡而为天，浊重者凝滞而为地。清妙之合专易，重浊之凝竭难，故天先成而地后定，天地之袭精为阴阳，阴阳之专精为四时，四时之散精为万物，积阳之热气生火，火气之精者为日；积阴之寒气生水，水气之精者为月；日明之淫为精者为星辰。天受日明星辰，地受水潦尘埃。"这段描写可以说是阐明了《淮南子》对宇宙产生，万物演化的基本观点。

前面我们所介绍的道家的宇宙起源观点，可以说是代表了我们中国古代的思想认识，也代表了创世观点中"物质起源"这一大类，无论是"道"抑或是"气"，我国古人认为万物是从无到有自然产生的。

与"物质起源"说不同的另一类别是"神创论"，"神创论"的说法也反映在非常多的民族创世神话中。如西方哲学思想体系认为宇宙万物都是由上帝创造的，造物主在空虚浑沌中创造了世间万物。在《圣经》的《创世纪》中，对于上帝创造世界万物之始时的描述，就是从混沌开始的，上帝用六天的时间创造了物质的天地，他先后创造了水、光、大气、土地、植物、月亮、太阳、天体和动物，第六天上帝按自己的形象创造了亚当和他的妻子夏娃，并将他们安置在伊甸园，上帝对这六天的工作很满意，于是定第七日为安息日，歇了他一切的工作，这也是我们现在一周七天的由来。

当然也不是说每个民族都有唯一的、固定的创世神话。受地域限制或者民族交流等因素的影响，各民族的创世神话也都在不断地变化和发展中。究其根本原因来说，还是人类对宇宙形成问题的探索始终没有得到满意的答案。其实，即使放在现如今来说，如果有人问你“宇宙是怎样产生的”，恐怕也没有人能准确说出个一二三来。这个命题本身就包含着无限矛盾与未知，宇宙是无限时间和无限空间的组合，那么从何起源，又从何终结呢？我想这也是“宇宙”这一概念本是天文学领域的一分子，却长年存在于哲学范畴的重要原因吧。

在哲学领域中备受关注的“宇宙”，在文学界也非常活跃。我国最早的浪漫主义大诗人屈原，就常常对“宇宙”进行思考，这集中体现在他的作品中。在他的至奇作品《天问》中，屈原一口气对天、对地、对自然、对社会、对历史、对人生提出了173个问题，体现了诗人的非凡的智慧和思辨能力。他的浪漫主义长诗《离骚》，内容丰富、想象奇谲，不仅体现了诗人自身的哲思，还烙有浓厚的楚国文化印记，展现了诗人凌驾宇宙的气魄。

提到了诗词中体现的“宇宙意识”，就不能不提我们的另一位浪漫主义大诗人李白。李白号称“诗仙”，就体现了他豪放不羁、大气洒脱的创作风格。李白不是天文学家，不是哲学家，他是大诗人，他不告诉你什么是时空无限，但是他的诗句让人读来都能感受到驰骋乾坤的奔放。《宣州谢朓楼饯别校书叔云》中“弃我去者昨日之日不可留，乱我心者今日之日多烦忧”一句，抒发了诗人慷慨豪迈的情怀。《把酒问月》中“今人不见古时月，今月曾经照古人。古人今人若流水，共看明月皆如此”，体现了诗人对人生有限而宇宙无穷的感慨。《拟古·生者为过客》中“生者为过客，死者为归人。天地一逆旅，同悲万古尘”两句，写出了古往今来多少人的悲叹！这些还只是李白带有宇宙观的诗词的冰山一角，可以说我们的大诗人不仅忧国忧民，还对人事、天地、时空有着深刻的思考。

宋代大文豪苏轼的诗文作品中也非常多地体现了他的宇宙哲学理论。苏轼和屈原一样，也要问天："明月几时有，把酒问青天。不知天上宫阙，今夕是何年……人有悲欢离合，月有阴晴圆缺，此事古难全。但愿人长久，千里共婵娟。"

张若虚"孤篇压全唐"的《春江花月夜》更是体现着强烈的人生哲理和宇宙意识，其中"江天一色无纤尘，皎皎空中孤月轮。江畔何人初见月？江月何年初照人？人生代代无穷已，江月年年望相似。不知江月待何人，但见长江送流水"几句，使读者无不陷入深深的沉思当中。

古代文学作品中的宇宙思考远不止上面我们提到的，可以说，宇宙观贯穿着我国古人的文学创作，这也体现了古人对天地、乾坤境界的思考和向往。

由此看来，在古人眼中，宇宙是非常令人向往的境界。今天，"宇宙"一词则被更多地披上了科学的理性色彩，词语本身似乎也显得很普通了。但是，人类一直没有停下对宇宙神秘和奥妙的探索脚步。宇宙到底有没有边界？时间到底有没有尽头？每一分每一秒都在迅速成为历史，在这一秒说出的话，下一秒就消失在宇宙的洪流中了，这多么令人感到诡秘。宇宙正是以她无穷无尽的魅力吸引着人类好奇的眼神和追寻真理的脚步。在宇宙面前，人类是渺小的，万物都是微不足道的，对于"宇宙问题"的思考和认识本就像宇宙自身一样永无止境。

〖气吞宇“宙”〗

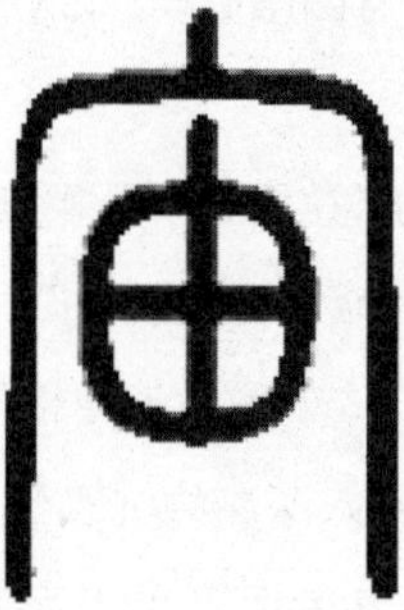

并生天地宇，同阅古今宙。

视下则有高，无前孰为后。

——苏轼《次韵答章传道见赠》(节选)

我们都知道希腊神话故事里，统治宇宙的主神Zeus，翻译成中文就是“宙斯”。宙斯是奥林匹斯山十二神之首，人们常用“神人之父”“神人之王”“天父”“父宙斯”来称呼他，他是希腊神话里众神中最伟大的神。中文翻译希腊神话故事，用“宙斯”这两个字来翻译Zeus，既是音译，也包含了义译。我们看到“宙”字就会自然联想到宇宙，因此用“宙斯”来称呼统治宇宙的神是比较合适的。

那么，“宙”字最初是什么意思呢？“宙”字甲骨文写作，是个形声字，

图一　重塑的奥林匹亚宙斯神庙的宙斯像

图二　奥林匹亚的宙斯神像
约公元前490年

图一、图二引自《地中海奇迹——古希腊》付娜 编著 时代文艺出版社 2012年1月第1版 第125、124页

从宀，表示这个字也是和房屋建筑有关的。《说文・宀部》:“宙，舟舆所极覆也。从宀，由声。”段玉裁注:“宙之本义谓栋，一演之为舟舆所极覆，再演之为往古来今。”据《说文》，“宙”字的意思是“舟舆所极覆”，也就是舟车所经过的地方。王筠《说文解字句读》:“即舟车所至。”这个意思也许和所从的“由”字有关。“由”字有经历、经由的意思，《广韵・尤韵》:“由，经也。”

但是，根据段玉裁的注解讲，“舟舆所极覆”并不是“宙”字的本义，其本义当为“栋”。从“宙”字所从的偏旁“宀”来看，我们认为段氏的注解应当是正确的。《淮南子・览冥》:“而燕雀佼之，以为不能与之争于宇宙之间。”高诱注:“宇，屋簷也；宙，栋梁也。”段氏又说，“一演之为舟舆所极覆”，也就是说，后来演变成了舟车所至的意思了。又云“再演之为往古来今”，即再进而引申演变为接近我们现在所说的“宇宙”的“宙”的意思了。具体解释就是指无限时间的总称。《玉篇・宀部》:“宙，往古来今曰宙。”《庄子・庚桑楚》:“有长而无本剽者，宙也。”郭象注:“宙者，有古今之长，而古今之长无极。”

《淮南子·齐俗》:“往古来今曰宙。”宋苏轼《次韵答章传道见赠》:“并生天地宇,同阅古今宙。”因此,我们可以看到,“宇”和“宙”两个字就像一对亲兄弟,造字结构相似,起初的意思也相仿,连成长的道路也相似。古人用“宇”代表横向无限延伸的空间,用“宙”代表纵向无限延伸的时间,“宇宙”一词的内涵就表示无限时空了。

在西方,“宇宙结构学”“天体演化学”以及“宇宙哲学”这些词的出现非常早。一个词汇的存在也许不能说明一个事物的存在,但至少可以认为,这样的概念已经萌芽。中国人的“宇宙哲学”也很成体系。李泽厚先生在其《中国思想史杂谈》一文中谈到:“中国人到汉代就把‘天人’‘古今’,各种自然、社会、物质、精神现象统统构建、组合到一个系统里。……西方认为世界是上帝创造的,中国人没有这个概念。因为中国有这种系统观。”

在中国的传统文化里,人与天地或者与自然之间有着内容复杂且繁多的联系,呈现出异常丰富的宇宙意识。从最基础的物质劳动生产生活与自然节气、气候规律的相配合,到精神层面上文人墨客对自然界各种意象的塑造和比附,再到宏观上统治者、思想家等对天人关系的崇尚,无不体现出中国古人内心深处散发出的宇宙意识。这种意识不仅仅只存在于人们对事物存在的思考,还深刻地存在于实际的物质生活和宗教信仰中。中国文化中早就意识到了有限和无限的辩证关系,人生的有限和宇宙的无限的对比并没有让人们恐慌。古人的智慧就常常体现在于有限中去追求无限和永恒,在精神上得到不朽和升华。

对于时间的意识,古人很早就对光阴易逝有细腻敏感的体会。

《诗经·小雅·采薇》前三章分别讲“薇亦作止”“薇亦柔止”“薇亦刚止”,用植物的生长来表明时间的变化,进而体现了将士戍守边疆的时日之久。最后一章“昔我往矣,杨柳依依。今我来思,雨雪霏霏”等诗句由景入情，感叹光阴流变的沧桑，以至于“我心伤悲，莫知我哀”，充分地表达了戍卒返乡的思念之苦。

《离骚》中感叹光阴易逝、难以追回的诗句更是比比皆是，“日月忽其不淹兮，春与秋其代序”“惟草木之零落兮，恐美人之迟暮”“时缤纷其变易兮，又何可以掩留”“汩余若将不及兮，恐年岁之不吾与”等等，无不表现出诗人对光阴流转无奈何的感怀。而这种感慨可以说是千古同悲的，于古人于今人都有着强烈的共鸣。孔子在川上感叹：“逝者如斯夫，不舍昼夜。”正如歌词里唱的那样：“水向东流，时间怎么偷；花开就一次成熟，我却错过。”

王勃《滕王阁诗》中“闲云潭影日悠悠，物换星移几度秋？阁中帝子今何在，槛外长江空自流”句，告诉我们世间万物都是在不断地更替中的，到底什么才是真正的永恒呢？恐怕只有栏杆外无声奔流的长江水才能看尽这世间的一切。

岳飞《满江红》“三十功名尘与土，八千里路云和月。莫等闲，白了少年头，空悲切”句，也告诫我们不要辜负了青春韶华，而等年老时徒自伤悲。

也许这就是时间，放在无限的宇宙中，它就像扔进无边汪洋中的一粒石子，不能激起任何波澜，可是，放在有限的人生里，它总是那么匆匆。荧屏上时光倒流的画面总是让我一边向往一边感慨，可是现实中，时间终究是一去不复还的，任凭我们竭力呐喊，它也是头也不回的。诗人于是说“流光容易把人抛”，文人于是说“花有重开日，人无再少年”，所以诗人又说“及时当勉励，岁月不待人”！

如果说时间是宇宙的纵坐标，那么空间就是宇宙的横坐标，这纵横交织，构成了宇宙的丰富内涵。

说起空间，我国古人常说“乾坤”，用“乾坤”来表示天地。“乾”和“坤”两字本都表示卦象。乾，八卦之一，卦形为☰。又为六十四卦之一，卦形为䷀，乾下乾上。《易·说卦》:“乾为天,为圜,为君,为父,为玉,为金,为寒,为冰,为大赤,为良马,为瘠马,为驳马,为木果。”因乾卦象征天,故指天。坤,《说文》:“坤,地也,《易》之卦也。从土,从申。土位在申。”朱骏声通训定声:“字亦作巛,即卦画竖作。”八卦之一,卦形为☷。又为六十四卦之一,卦形为䷁,坤上坤下。《易·坤》:“坤,地道也,妻道也,臣道也。”

因此,“乾”“坤”二字连用就表示天地。汉班固《典引》:“经纬乾坤,出入三光。”李白《上皇西巡南京歌十首》:“少帝长安开紫极,双悬日月照乾坤。”杜甫《登岳阳楼》:“昔闻洞庭水,今上岳阳楼。吴楚东南坼,乾坤日夜浮。”王冕《墨梅》:“不要人夸好颜色,只留清气满乾坤。”由“天地”也可引申为天下、江山、国家的意思,如《敦煌曲子词·浣溪沙》:“竭节尽忠扶社稷,指山为誓保乾坤。”宋杨万里《得亲老家问》诗之二:“乾坤裂未补,簪笏达何荣?”元马致远《陈抟高卧》第一折:“治世圣人生,指日乾坤定。”再引申,“乾坤”一词还可表示大局、局势;也可指帝王、帝后。

现在我们还用“乾坤”表示花招、玄虚。比如人们形容一件事或者一个事物里面不只是表面上看起来这么简单,会说:“这里面可大有乾坤呢!”

由此我们可以看到,中国的诗歌中无时无刻不透露出诗人的时空意识,诗人对宇宙的思考。时间和空间都成为了诗人笔下的审美意象。客观的时间和空间在文人笔下都带上了心性,赋予了人性的色彩。最后,笔者想借用一首大家耳熟能详的诗,带朋友们体验这茫茫宇宙与渺渺人生之间关系的玄机。柳宗元《江雪》:

千山鸟飞绝,万径人踪灭。
孤舟蓑笠翁,独钓寒江雪。

我们在感受过古人的宇宙观之后,再来重读这首诗,是不是有不一样的感受呢。诗人只用了二十个字，就描绘了一幅幽静清冷的画面：在漫天飘雪、白茫茫的江面上，只有一叶扁舟，一个老渔翁，独自在江心垂钓。天地之间是如此纯洁而寂静，一尘不染，万籁无声。暂且不去深究诗作背后的故事，我想每个人置身于这样的环境中都会超然物外，整个心灵都会受到洗涤，融入到这空濛、渺远的天地之间。

古人是清醒的，他们从时间和空间的哲学里寻找人生的价值，有限人生与无限时空之间的矛盾成了古人永恒的宇宙意识。

寒江独钓图　南宋·马远
日本东京国立美术馆藏
引自《闲情逸趣：名画中的风俗好尚》许万里 著 文化艺术出版社 2010年11月第1版 第55页

地球·太阳·银河

【君子好“球”】

敕勒川，阴山下，天似穹庐，笼盖四野。

天苍苍，野茫茫，风吹草低见牛羊。

——《乐府诗集·杂歌谣辞四·敕勒歌》

说到“球”，最大的球形物体恐怕就非“天球”莫属了，只是没有人能玩得转它罢了。

站在我们生活的地球上，放眼朝外望去，无论是白天还是黑夜，也无论走到哪里，我们都会感觉到头顶上的天空就好像是一个巨大的半球，笼罩着一望无际的大地，而我们自己就像是置身于这个半球的中心。我们能看见的这个半球与地平线下看不见的另一个半球合起来就成了一个巨大的球体，这就是“天球”。

地球
引自《360度图解十万个为什么·天文地理篇》刘香英 编写 陕西人民出版社 2006年2月第1版 第12页

直观地看起来，“天球”犹如一部巨型的穹幕电影，我们肉眼所能看见的各种天体——太阳、月亮、行星、恒星、流星、彗星以及星团、星云等等，或远或近，似乎就镶嵌在这天球的内表面上，而各种绚丽多彩的天文现象：日食和月食，转瞬即逝的流星，匆匆来访的彗星……不时地在这天球上上演。这种感受，古今一致。上引《敕勒歌》中的“穹庐”是指游牧人住的圆顶毡帐，形状像蒙古包。“天似穹庐，笼盖四野”的意思是，环顾四野，天空就像是巨大无比的圆顶毡帐将整个大草原笼罩起来。“天似穹庐”的说法就非常形象地表明了古人对天空的认识。

球，不论大小，都是圆形的。所以，在我们今天的人看来，“圆形”是球的核心词义。而“球”这个字的构形是从玉（俗称叫“王字旁”）、求声。从玉构形的字大多数都是与“玉”相关的，所谓“凡玉之属皆从玉”。汉字不同于其他文字的一大特点就是字形与词义之间的关系非常紧密。与玉相关的“球”和圆形的“球”之间的形义关系似乎是脱节的，这又是怎么回事呢？难道是古人用错字了？要回答这个问题，我们还是先从“球”字说起，再说说与其相关的其他几个字吧。

汉字系统中，“球”字的出现不算很早，甲骨文、金文中均未发现，小篆写作球。东汉许慎的《说文解字》说：“球，玉声也。从玉，求声。”南唐徐锴的《说文解字系传》作“球，玉也”，没有“声”字。对此，清人徐灏《说文解字注笺》是这样解释的：“此但当作‘玉也’，浅人增‘磬’字，因又改为‘声’字耳。”由此看来，“球”字的本来意思是美玉，这一词义就与其文字构形从玉相吻合了。在早期的文献中，“球”用的就是这个意思。如，《尚书·禹贡》：“厥贡惟球琳琅玕。”汉人孔安国传云：“球、琳，皆玉名。”又如，《诗经·商颂·长发》：“受小球、大球。”汉人毛亨传云：“球，玉也。”这些文献中的“球”字是不能用我们现代的“球”字意义去解释的，否则要闹笑话的。同样的情况，在早期的文献中，“天球”一词的意义也是指美玉，与现代的意义不同。如，《尚书·顾命》：“大玉、夷玉、天球、河图，在东序。”又唐人孔颖达疏说：“天球，雍州所贡之玉，色如天者，皆璞未见琢治，故不以礼器名之。”宋人杨万里《正月十二日游》诗：“云冠霞佩照宇宙，金章玉句鸣天球。”清人钱谦益《陆宣公墓道行》：“图经聚讼故老哄，争此朽骨如天球。”诸诗句中的“天球”均指美玉。到了近现代后，“天球”一词才有了“天体”之义，《汉语大词典》的解释是这样的：“为研究天体位置和运动，天文学假想天体分布在以观测者为球心，以无限长为半径的球面上，这个球面叫做天球。”

美玉之义的“球”字又写作“璆”，也从玉构形，只是声符不从求而从翏，所以许慎《说文》说：“璆，球或从翏。”《尔雅·释器》：“璆，玉也。”晋人郭璞注：“璆，美玉名。”《尚书·禹贡》：“厥贡璆、铁、银、镂。”汉人孔安国传说：“璆，玉名。”宋人王安石《送章宏》：“道合由来不易谋，岂无和氏识荆璆？”诸多“璆”字均是美玉之“球”的异体字。

现如今,“球”字最常用的词义应该是泛指某些圆形立体的体育用品,如,篮球、足球、乒乓球等。然而,追根溯源,此类指游戏用具的“球”字,在古代最早是写作“鞠”的,字音jū。根据文献记载,“鞠”在汉代以前就有了。东汉许慎在《说文解字》中就指出:“鞠,蹋鞠也。从革、匊声。”南唐的徐锴《说文解字系传》进一步解释说:“按蹋鞠以革为圆囊,实以毛,蹙蹋为戏,亦曰蹋鞠。”由“鞠”字构形从革可知,“鞠”应当是古代一种用革制作的皮球。“鞠”字又可以写作“毱”,构形不从革而从毛,这大概是因为“实以毛”的缘故吧,所以,“鞠”也可称作“毛丸”。晋人郭璞注《三苍》时就说:“毛丸可蹋戏者曰鞠。”唐人玄应《一切经音义》卷二也说:“拍毱,今作鞠。”又卷二十二说:“拍毱,《三苍》云:‘毛丸,可戏者也。’”《广韵·屋韵》:“毱,皮毛丸也。”《集韵·屋韵》:“鞠,《说文》:‘蹋鞠也。’或从毛。”“毛丸”也可称作“丸毛”。《太平御览》卷七五四引东汉应劭《风俗通》就说:“丸毛谓之鞠。”

古文献中,以“鞠”为戏的记载很多。如,《史记·苏秦列传》:“临菑甚富而实,其民无不吹竽鼓瑟,弹琴击筑,斗鸡走狗,六博蹋鞠者。”《史记·卫将军骠骑列传》:“其在塞外,卒乏粮,或不能自振,而骠骑尚穿域蹋鞠。”唐人司马贞索隐说:“《蹴鞠书》有《域说篇》,又以杖打,亦有限域也。今之鞠戏,以皮为之,中实以毛,蹴蹋为戏。刘向《别录》云:‘踏鞠,兵势,所以陈武事,知有材力也。’”汉刘向《别录》:“蹴鞠者,传言黄帝所作。或曰起战国之时。”《北史·突厥传》:“男子好摴蒲,女子踏鞠。”《辽史·圣宗纪一》:“上与诸王分朋击鞠。”《续资治通鉴·宋仁宗庆历元年》:“又以东京留守萧萨巴言,弛东京击鞠之禁。”

中古以后,游戏用具的“球”字又或写作“毬”,构形从毛、求声。“毬”字的出现,最初应该是在南朝梁时宗懔的《荆楚岁时记》中。《荆楚岁时记》说:“打毬、鞦韆、施钩之戏。按:刘向《别录》曰:‘蹴鞠,黄帝所造,本兵势也。’

或云起于战国。按:'鞠'与'毬'同。古人蹋蹴以为戏也。"唐人沈佺期《幸梨园亭观打毬应制》诗:"宛转萦香骑,飘飖拂画毬。"前蜀花蕊夫人《宫词》之二二:"自教宫娥学打毬,玉鞍初跨柳腰柔。"

到了唐朝的时候,"毬"字已普遍地与"鞠"字通用,且有取而代之之势。唐人封演《封氏闻见记》卷六就说:"近俗声讹谓鞠为毬,字亦从而变焉,非古也。"这句话的意思是说,"毬"字并非古字,民间误将"鞠"字读成"毬"音,并将"鞠"字也写作了"毬"。所以,宋朝陈彭年等奉诏重修的《广韵》就说:"鞠,今通谓之毬子,巨鸠切,古今字也。"

然而,以"毬"代"鞠",除了有"声讹"的原因,恐怕更主要的还是因为游戏用具的"球"自身有了改进和发展。

关于"毬"的制作,唐人仲无颜《气毬赋》讲得很具体:"气之为毬,合而成质,俾腾跃而攸利,在吹嘘而取实。尽心规矩,初因方以致圆,假手弥缝,终使满而不溢。"这是说,毬是用皮做的,手工弥合各片尖皮而进行缝制,用气充之,使饱满而不漏气。宋人程大昌《演繁露·鞠》也说:"《扬子》曰:'梡革为鞠亦各有法。'革,皮也。梡革为鞠,即后世之皮毬,斜作片瓣而缝合之……今世皮毬中不置毛,而皆砌合皮革,待其缝砌已周,则遂吹气满之,气既充满,鞠遂圆实……详此意制,当是古时实之以毛,后加巧而实之以气也。"更为有趣的是,南宋计敏夫《唐诗记事》卷六十四"皮日休"中有一段记载:"归氏子以姓嘲日休,云:'八片尖斜砌作毬,火中燖了水中揉;一包闲气如常在,若蹋招拳卒未休。'"此记载中的诗句虽是以姓嘲笑皮日休,却无意间为我们保存了唐时游戏用具"毬"的制作工艺。可以看出,"毬"字的出现是指充气的"鞠",所以就有了《水浒传》第二回"殿下在庭心里和小黄门踢气毬"中的"气毬"之说。

"毬"非古字,直到宋朝大徐本《说文解字》中的"新附字"才收入了此字，并说："毬，鞠丸也。从毛、求声。"从"丸"这个意义出发，"毬"字后来又有了新的引申义，凡圆形成团者都可称之为"毬"。如，唐人姚合《对月》诗："一片黑云何处起，皂罗笼却水精毬。"宋人杨万里《郡中上元灯减旧例三之二而又迎送使客》诗："市上人家重时节，典钗卖钏买灯毬。"《白雪遗音·剪靛花·九座楼》："刘小姐，上彩楼，命运乖张的吕蒙正，他可接了彩毬。"诸诗文中的"毬"都是指圆形成团之物。

"球"接过"毬"字词义且渐取而代之，则是到了近代，随着西方文化、科学技术和现代体育运动传入之后的事。在使用的过程中，"球"是先作为"毬"字的异体字而出现的，所以，我们会发现，在近现代史上，"球""毬"二字共存的现象。如，"地球"也写作"地毬"；"球场"或写作"毬场"。看到类似的情景，我们可别以为是古人写了错别字哟。到了1955年12月，文化部和中国文字改革委员会共同发布的"第一批异体字整理表"，明确地规定以"球"取代"毬"字，停止使用"毬"字。但同时又指出："翻印古书须用原文原字的，可作例外。"自此以后，"球"字就名正言顺地取代了"毬"。

蹴鞠图

引自《中国传统体育》 冯国超 著 首都师范大学出版社 2006年5月第1版 第2页

既然说到了“球”字，似乎是绕不开古代传统的“蹴鞠”运动的。

“蹴鞠”运动可以说是中国古代的一种足球运动，主要是用来练武、娱乐、健身的。传说这一运动始于黄帝，战国时候已经非常流行。

古诗文中，有关“蹴鞠”的描写不胜枚举。如，唐人李白《古风五十九首·一百四十年》：“斗鸡金宫里，蹴鞠瑶台边。举动摇白日，指挥回青天。”唐人王维《寒食城东即事》：“蹴鞠屡过飞鸟上，秋千竞出垂杨里。”宋人陆游《晚春感事》（之四）：“蹴鞠场边万人看，秋千旗下一春忙。”明人钱福《蹴鞠》：“蹴鞠当场二月天，香风吹下两婵娟。”唐人仲无颜《气毬赋》中的“广场春霁，寒食景研，交争竞逐，驰突喧阗”“或略地以走丸，乍凌空以月圆”的文句更是将唐人踢球场面之火爆、技艺之娴熟描写得淋漓尽致。

小说《水浒传》的第二回中更是提到了“浮浪破落户子弟”高毬“最是踢得好脚气毬”，只因“那个气毬腾地起来，端王接个不着，向人丛里直滚到高毬身边。那高毬见气毬来，也是一时的胆量，使个鸳鸯拐，踢还端王”，从此就得到了端王也就是后来的宋徽宗赏识而发迹。

如此种种，不一而足。于是，就有好事者称中国古代的“蹴鞠”运动就是现代足球运动的鼻祖，且引发了一场不大也不小的争论。不可否认，中国古代的“蹴鞠”与现代足球的确有几分相似，然而，从球本身的构成以及运动游戏规则来看，二者又并非一回事。至于说到古代的“蹴鞠”就是现代足球的鼻祖，更是无从谈起，且已经不再重要了。与其如此费时费力地去争论现代足球的起源是在西方还是在东方，倒不如回过头来脚踏实地地提高国足的竞技水平，使其在当今国际足坛能占有一席之位，别再辜负亿万球迷的期盼要来得实在。读者朋友，您说呢？

【大展"经"纶】

《红楼梦》第三十八回中写到：大观园中姐妹们共聚海棠诗社，众人先是写作菊花诗，席间又吃了螃蟹，于是宝玉、黛玉和宝钗兴起，三人又各自作了一首咏螃蟹的诗。先是宝玉作成，并自诩"我已吟成，谁还敢做"，黛玉看罢宝玉的诗笑道"这样的诗，要一百首也有"，于是也挥笔写就，宝玉刚要赞扬，黛玉却一把撕了，并命人烧去。最后宝钗也"勉强了一首"：

桂霭桐阴坐举觞，长安涎口盼重阳。
眼前道路无经纬，皮里春秋空黑黄。
酒未敌腥还用菊，性防积冷定须姜。
于今落釜成何益，月浦空余禾黍香。

看到一半的时候，宝玉就说自己的诗也该拿去烧了，众人看毕，也都说这是吃螃蟹的绝唱，虽然题目小，但是寓意大，讽刺世人很毒辣。

全诗无一“螃蟹”，却句句是螃蟹。尤其是颔联两句，因为螃蟹横行，所以眼前的路“无经纬”。“皮里春秋”是成语，出自《晋书·褚裒传》：褚为人外表上不露好恶，不肯随便表示赞成或反对，而心里却存着褒贬，所以有人说他“有皮里春秋”，后多用以说人心机诡深，而不动声色；活蟹的膏有黄的黑的不同颜色，故以“春秋”说花色不同；空黑黄，就是花样多也徒劳的意思，因为蟹不免被人所煮食。这首诗就像众人说的那样讽刺意味极强，抨击了那些贪求功名利禄，趋炎附势的贪官污吏之流，故赢得众人的一致好评。

看罢了大观园中众姐妹咏菊品蟹、其乐融融的场景，我们也该回到我们的“正题”上来了。“眼前道路无经纬”，我们都已经明白了，就是指螃蟹横行，眼前的道路方向它是不分的。“经纬”本指织物的纵线和横线，后来比喻条理秩序。《左传·昭公二十五年》“礼，上下之纪，天地之经纬也”疏：“言礼之于天地犹织之有经纬，得经纬相错乃成文。”现在，我们在地球仪上可以看到一条条纵横交错的线，这就是经纬线。它是人们为了方便在地球上确定位置和方向而人为画出来的线。

我们这里先来说一说“经”。

“经”字金文有等写法。《说文·糸部》：“经，织也。从糸，巠声。”姚文田、严可均校议：“经，《御览》卷八百二十六引作‘织从丝也’。此脱‘从丝’二字。从与纵同。”徐灏注笺：“下文云：‘纬，织横丝也。’则此似当有‘从丝’二字。”我们可以看到，经，本义是指织布机上的纵向的线，所以字所从的是“糸”，与布有关。我们经常将“经”“纬”二字连用，纬，本义则是指织布机上横向的线。

朋友们应当都见过织布机，早些时候的织布机都是人工的，织布前，先将机杼上绷齐并梳整纱缕，使成为经线。《朱子语类》卷八七：“方未经布时，先

云南摩梭族的织布机
作者摄于2015年4月

砑其缕，非织了后砑也。”然后梭子上带着纬线在经线上来回穿梭，这纵横交织就成了美丽的布匹。现代工业化发展，已经产生了许多新型的织机，但在一些地方，或是出于保守的原因，或是出于旅游的需要，还保留有传统的织布技术。笔者曾在云南见到过摩梭族的妇女还在使用老式的织布机，人工足踩织布。

由纵横的织线又引申为南北方向的道路，后来也泛指道路、途径。如《周礼 · 考工记 · 匠人》:“国中九经九纬。”郑玄注:“经纬谓涂也。”贾公彦疏:“南北之道为经，东西之道为纬。”“经”字不仅指陆地上的道路，也指水道，指主要的江河水道。这个义项与经（繁体作“經”）字所从的“巠”有密切关系。《说文 · 水部》:“巠，水脉也，从川在一下，一，地也。壬省声。一曰水冥巠也。”所以有学者认为“巠”当为“经”的古字，而“经”则是“巠”的后起字，二者是古今字的关系。我们所说的人体的“经脉”大抵也是这个意思，是指人体气血运行的通路。中医上还讲“经络”，是指经脉和络脉。

近代科学发展以后，“经”字与天文地理也有了千丝万缕的联系。地理学

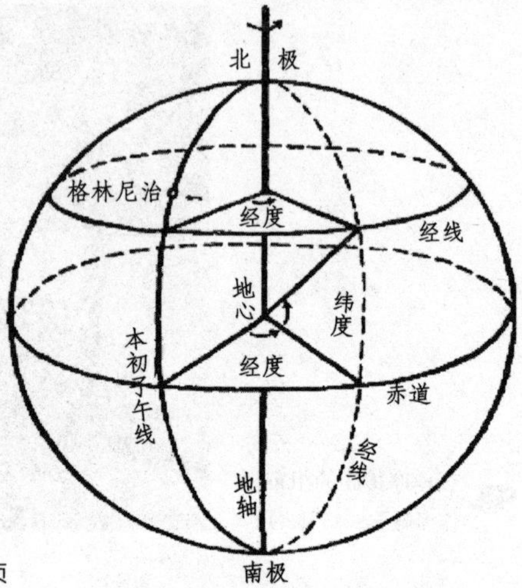

经纬线和经纬度

引自《地球仪说明书》五一文教用品社 第7页

上将虚拟的、通过地球南北两极与赤道成直角的线称为经线。国际上将通过英国格林尼治天文台的那一条经线定为0度经线，叫做本初子午线，此线以东称东经，以西称西经，比如北京所在的位置大概为东经116度。经线也好，纬线也好，都不是实际存在的，它们只是人们为了研究的方便而假设的在地球仪或地图上画出来的虚拟的线。

汉代以来，中国古代天文学家根据实际观测也知道，地理位置越靠南，日影长度越短，反之，地理位置越靠北则日影长度越长；但当时中国没有形成明确的大地是球形的观念，也没有实际测量日影长短差与距离的准确比例。古代中国是没有地平系统的，在西方的黄道平面坐标系统传入之前，中国古代的天文地理学家是有一套自己的"赤道坐标系"的。"赤道坐标系"，是用于对整个天地的划分，赤经、赤纬是不变的，依据天极、赤道划分的南北东西也是固定的。

"经"字还表示常久的意思。《玉篇·糸部》："经，常也。"比如我们常常说"经常"。由于有这个词义，所以古代天文学上也将二十八宿等恒星称为"经

"五经"是儒家最重要的基础研究书籍

引自《彩色图解四书五经》
思履 主编 中国华侨出版社
2013年4月第1版 第1页

星",因其相对位置是不改变的。

那么与恒星相对应的行星则称为"纬星"。《縠梁传·庄公七年》:"夏,四月,辛卯,昔,恒星不见。恒星者,经星也。"范甯注:"经,常也,谓常列宿。"宋沈括《梦溪笔谈·象数一》:"星有三类:一、经星,北极为之长;二、舍星,大火为之长;三、行星,辰星为之辰。"旧时,天文学上"经星"也专指恒星中的岁星,即木星。唐司马贞《史记索隐》引《天官占》:"岁星,一曰应星,一曰经星,一曰纪星。"

看到"经",朋友们肯定就会想起小和尚念的"经",唐僧师徒西天取的"经"吧。僧人所诵之经,即是佛教的经典著作。我国古代有"四书五经",其中"五经"是指《诗经》《尚书》《礼记》《周易》《春秋》,是历来被尊奉为典范的著作。

"经"又特指宗教典籍,也指某一学科的专门著作。如:《山海经》《水经》《茶经》等。故而,我们常常说"经典",也是指作为典范的儒家载籍或宗教典籍。后来这个词的外延广泛化了,用来指某领域公认的具有权威性的著作,比如我们常常说"引经据典""经典作品"。

这个"经"也就是我国古代图书目录四部分类法中"经史子集"中的"经",

指儒家经典及小学（文字、音韵、训诂之学）方面的书。四部分类法是我国古代典籍分类中的一个非常重要的方法，一些大型的古籍丛书往往囊括四部，并用以命名，如《四库全书》《四部丛刊》《四部备要》等。其中，“经”即经书，指儒家经典著作；“史”即史书，即各朝代的正史；“子”指先秦诸子百家著作；“集”即文集，指诗词文汇编。《旧唐书·经籍志上》：“四部者，甲、乙、丙、丁之次也。甲部为经，其类十二：一曰《易》，以纪阴阳变化。二曰《书》，以纪帝王遗范。三曰《诗》，以纪兴衰诵叹。四曰《礼》，以纪文物体制。五曰《乐》，以纪声容律度。六曰《春秋》，以纪行事褒贬。七曰《孝经》，以纪天经地义。八曰《论语》，以纪先圣微言。九曰图纬，以纪六经谶候。十曰经解，以纪六经谶候。十一曰诂训，以纪六经谶候。十二曰小学，以纪字体声韵。”现在“经史子集”也泛指我国古代典籍。

在古文中，我们还常常听到说某人是“经世之才”或者“经国之才”，是夸某人有治理国家的本领和才能。这里的“经”就是治理、经营的意思。《字汇·糸部》：“经，经理。”《周礼·天官·大宰》：“以经邦国，以治官府。”贾公彦疏：“经者，所以经纪为名，故云经。”

“经理”这个词想必大家都非常熟悉，如果能在公司里当个“经理”应该是不错的事情。我们现在所说的“经理”就是指企业中负责经营管理的人。其实，这个词很早就出现了，但是，在起初，并不是今天我们所说的意思。我们先来看一个文例，《荀子·正名》：“道也者，治之经理也。”杨倞注：“经，常也；理，条贯也。言道为理国之常法条贯也。”这里杨倞说得非常清楚了，“经”和“理”是要分开来解释的，还并没有成为一个固定的双音节词语。《史记·秦始皇本纪》：“皇帝明德，经理宇内，视听不怠。”在这个文例中，“经理”就可以解释为治理了，已经可以当一个固定的双音节词语来使用了。后来“经理”一词慢慢发展引申有照料、照顾等义项，然后又从动词用法引申为名词用法，就有了我们现在所说的企业经理。

【经天“纬”地】

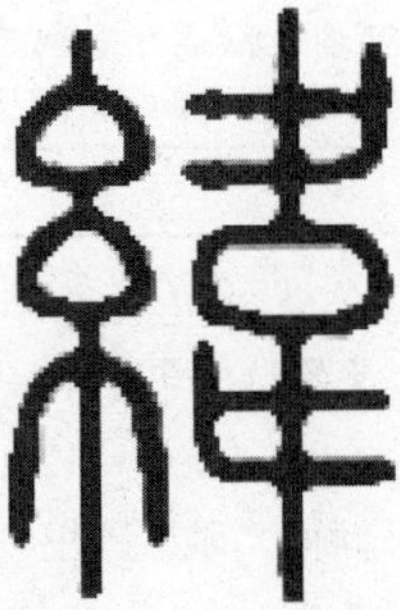

周秦以来，社会上有很多兼通方术的儒生，秦汉之际，这些儒生更是将谶、纬糅合，引谶入纬。西汉时期，董仲舒“独尊儒术”，创立“天人感应”思想，得到汉武帝的大力支持，儒学于是在全社会范围内兴盛起来。董仲舒利用阴阳五行之说解读儒家经典，阐释了一套新儒学。西汉时期，统治者热衷得道成仙，而百姓在统治者的压迫下思想意识动荡起伏，整个社会，上至统治者，下至普通百姓，都相信符命征兆、灾异占验之类的学说。

纬学因与这时期的思想文化相适应，就成了汉代的主要思潮之一。夏曾佑先生在《中国古代史》中描述说：“两汉时期的今文经学是阴阳五行学说和儒学的结合，是宇宙论哲学与伦理学的结合，是方士与儒生的结合，这一结合的过程也是谶纬产生的过程。”

经	纬　　书
易	《稽览图》《乾凿度》《坤灵图》《通卦验》《是类谋》《辨终备》
书	《琁玑钤》《考灵耀》《刑德放》《帝命验》《运期授》
诗	《推度灾》《记历枢》《含神务》
礼	《含文嘉》《稽命征》《斗威仪》
乐	《动声仪》《稽耀嘉》《汁图征》
春秋	《演孔图》《元命包》《文耀钩》《运斗枢》《感精符》《合诚图》《考异邮》《保乾图》《汉含孳》《佑助期》《握诚图》《潜潭巴》《说题辞》
孝经	《援神契》《钩命决》

“七纬”一览表

（据《后汉书·方术》樊英传“七纬”李贤注）转引自《新编中国历史文选》何晋 编著 北京大学出版社 2007年5月第1版 第96页

“谶纬”是谶语和纬书的合称。“谶”是巫师或方士制作的一种隐语或预言，作为吉凶的符验或征兆。《说文》：“谶，验也。”“纬”指方士化的儒生编集起来附会儒家经典的各种著作。纬书对经而言，经为直线，纬为横线，所以纬书是对经书的解释。《释名疏证补》说：“纬之为书，比傅于经，辗转牵合，以成其谊，今所传《易纬》《诗纬》诸书，可得其大概。”现在我们所说的纬书即《书纬》《易纬》《礼纬》《诗纬》《乐纬》《春秋纬》《孝经纬》等七部，称为“七纬”。要注意的是如果纬书单独出现，一般要在前面加经书名连写，如《礼斗威仪》《春秋元命苞》等等。

“七纬”在天文学上还有另外一种意思。古代汉族人民将太白星（金星）、岁星（木星）、辰星（水星）、荧惑星（火星）、镇星（土星）称为五星，五星又称五曜，加上太阳星（日）、太阴星（月），合称“七曜”，也称“七纬”。“七纬”表示七颗星的说法在古代很普及，如南朝宋鲍照《河清颂》的两句：“如彼七纬，累璧重珠。”北齐刘昼《新论·思顺》中也有：“七纬顺度，以光天象。”

纬，繁体写作“緯”，从糸旁，右边的“韋”甲骨文写作、，金文写作、、。可以看出“韋”是由三部分组成的，上下是两个方向相对的“足”，中间一个“口”，《说文》小篆写作。《说文·韦部》：“韦（韋），相背也。从舛，口声。”背离。朱骏声《说文通训定声》：“经传多以违为之。”《说文》解释“韦”为相背的意思，与字形吻合。

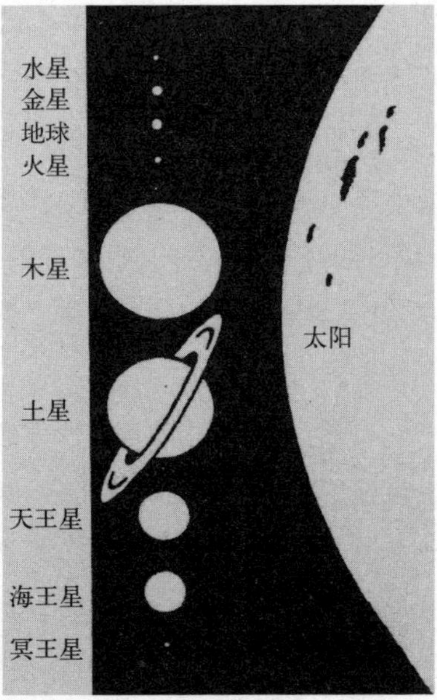

太阳与九大行星大小相对比较图
引自《历史哲学深谷里的回音》赵鑫珊著 上海辞书出版社 2007年10月第1版第163页

然而在古文中，“韦”还有另一个与相背离“不沾边”的意思，即熟皮。《正字通·韦部》：“韦，柔皮。熟曰韦，生曰革。”商承祚《说文中之古文考》：“（韦）（甲骨文）象两人相背行，又象两足有揆隔，乃违之本字也。后借为皮韦字，而出违代韦，本义废矣。”我们可以看到，商承祚认为表示相违背是“韦”字的本义，后来被借去表示熟皮、皮韦，本来表示的违背义就废止了，后来又加“辶”为“违”来表示违背、背离。这样看来，若确实如此的话，“韦”是“违”的初文，“韦”与“违”是一对古今字。

我们今天所要讲的“纬”与前面我们讲过的“经”是一对好兄弟，它们经常形影不离。《说文·糸部》：“纬，织横丝也。从糸，韦声。”“纬”，是指织物的横线，与“经”相对，本义也是与织布有关。也因此，纬又有编织、纺织的意思。“纬”后来引申为表示东西向的道路或土地。《广雅·释言》：“纬，横也。”《周礼·考工记·匠人》：“国中九经九纬，经涂九轨。” 贾公彦疏：“南北之道为经，东西之道为纬。"《大戴礼记·易本命》："凡地，东西为纬，南北为经。"后来用法固定，地理上称东西为纬，南北为经。

前面我们在讲"七纬"的时候，说过"七纬"也表示"七曜"，是指星星，这个说法是有来源的。在古人看来，恒星是固定在天上不动的，所以又称"经星"。而与恒星相对的，行星古称"纬"。《史记·天官书》："水、火、金、木、填星，此五星者，天之五佐，为纬。"张守节《史记正义》："五星行南北为经，东西为纬也。"

自然，纬线也指地理上所假想的地球上与赤道平行，与经线垂直的南北分度线。在赤道以北的叫北纬，以南的叫南纬。人们规定赤道为0度，越接近赤道，则纬度数越小，例如北京在北纬40度左右，上海在北纬30度左右。

地球上不同纬度的地区，所能看到的星座是不一样的。对于某一地点，有些星座是永远也看不到的；反过来呢，有些星座一年四季昼夜都能看见（当然在白天时由于太阳的光芒这些星座肉眼可能看不到），永远也不会落到地平圈下。所以在天文学上，把始终能看到某些星座的纬度圈称为某星座的"恒显圈"；相应的，把始终看不到某些星座的纬度圈则称为"恒隐圈"。比如在北京，北纬50度就是北京地区的"恒显圈"，位于北纬50度以上的星星老是在天上，永远也不会落到地平线下面去。而南纬50度叫做北京地区的"恒隐圈"，位于南纬50度以南的星星在北京就永远也看不到。

与"经"字相同，"纬"也有整饬、治理的意思。所以"经""纬"常常成对出现在词语里面，如"经天纬地""经文纬武"等等，并且这些词语还可以说成"纬地经天""纬武经文"。所以我们可以看到，有些字词，本来可能没有某个义项，但是经常与它一起成对使用的字词有某些义项时，这个字有可能受其"传染"也有了此义项，这也是词义变化历史过程中一个重要的原因。

与"经"不同的是，"纬"还有缠绕、系束的意思。《释名·释典艺》："纬，围也。反复围绕以成经也。”《广雅·释诂三》:“纬,束也。”王念孙疏证:“围与束同义。”《集韵·尾韵》:“纬,束也。”《墨子·迎敌祠》:“令命昏纬狗纂马。”苏时学注:“纬,束也。”《大戴礼记·夏小正》:“农纬厥耒。纬,束也。”

其实“韦”“卫”“围”本同义。也许朋友们会觉得奇怪,但是,我们考察文字,要从它们的古文写法出发,其实若都写作繁体,就已经很能说明问题了。《汉语大字典》认为“韋、衛、圍实本一字”是有道理的。“韦”字我们在前面已经讲过,下面我们分别来看“卫”和“围”。

卫,现在一般繁体写作衛,中间部分是韦的繁体字。这其实是俗体写法,正字当写作衞,不同之处是正字中间的下面部分是“帀”。《说文》:“衞,宿衞也。从韦、帀,从行。行,列衞也。”商承祚《十二家吉金文字图录》:“罗叔蕴师谓众足绕口,有守卫意。”商承祚的意思我们看“卫”字的古文写法就明白了。卫字甲骨文作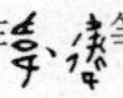等,金文作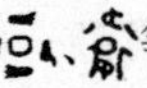等,金文第一个写法象四只足环绕在“口”的四周,所以说有守护、守卫的意思。甲骨文第一个字形和我们前面所讲的“韦”的甲骨文写法是一样的,所以可以看出,在最初的时候,它们是同一个字。

围,繁体写作圍,甲骨文有、等写法,金文写作。我们会发现一个非常有趣的现象,这三个写法都是“口”的周围有“足”,不同的是,“足”的数量从两只变成了三只又变成了四只。这体现了古文字的一个重要特点,就是写法比较随意,不固定。由古文字形可以看到,“围”字甲骨文的写法也是和“韦”相同的,只是方向有别罢了,这也印证了我们前面的观点。从字形上看,甲、金文“围”字象人围攻或围守城池的样子,并且从字义上看,也能够说通。《说文·口部》:“围,守也。从口,韦声。”《公羊传·庄公十年》:“战不言伐,围不言战。”何休注:“以兵守城曰围。”我们所说的围绕、包围也是这个意思,只不过后来用的场合更加宽泛了。

“围”字在用法上也和“韦”有割不断的联系。《墨子·贵义》:“若用子之言,则是禁天下之行者也,是围心而虚天下也。”孙诒让间诂:“吴玉搢云:‘围心即违心。’”《商君书·徕民》:“天下有不服之国,则王以春围其农,夏食其食,秋取其刈,冬陈其宝。”俞樾平议:“‘围’当作‘违’,‘宝’当作‘葆’,皆同声假借字。”在这两例子中,“围”都通“违”,是违反、违背的意思。前面我们也说过,“违”的本字就是“韦”,这也同样支持了“围”“韦”古本一字的说法。

我们在学习汉字的时候,尤其是学习古文字,一定要从我们所能接触到的这个字或这些字的最古的字形资料出发,不能局限在隶定以后的字形,更不能以现在的简化字字形来说解。朋友们一定注意到了,在我们的书中,《说文解字》这本书笔者引用得颇多,可以说,《说文解字》是我们通向古文字的桥梁,如果朋友们对汉字有浓厚的探究兴趣,这可以说是不得不读的一本书。笔者的枕边就一直放着这本书,时常翻一翻,会发现很多以前不知道也没想到过的汉字的知识,读来往往会有眼前一亮的感受。热爱汉字,热爱汉字文化的朋友们不妨看看呦。

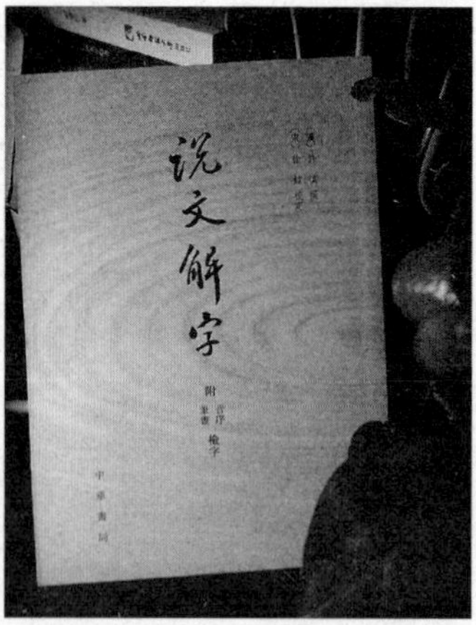

笔者案头的《说文解字》
(汉)许慎撰 (宋)徐铉校订 中华书局
作者摄于2015年春

〖东“曦”既驾〗

旦出扶桑路，遥升若木枝。
云间五色满，霞际九光披。
东陆苍龙驾，南郊赤羽驰。
倾心比葵藿，朝夕奉光曦。

——李峤《日》

《山海经·大荒南经》中记载了一则古老的神话：“东海之外，甘泉之间，有羲和之国。有女子名羲和，为帝俊之妻，生十日，方浴日于甘渊。”这则神话故事讲的是在东海之外的羲和国，有一名叫羲和的女子，是帝俊的妻子，她生了十个太阳，还在甘渊中给太阳们洗澡。因为这个神话，所以人们将羲和视为“太阳之母”。

羲和浴日

引自《中国吉祥图·神仙人物卷》
黄全信 主编 农村读物出版社
2011年1月第1版 第203页

但是，实际上在古代，“羲和”的身份还有另外两种说法。在屈原的《离骚》中有“欲少留此灵琐兮，日忽忽其将暮。吾令羲和弭节兮，望崦嵫而勿迫”两句，这里的“羲和”指的是“日御”，也就是驾驭日车的神。《初学记》卷一引《淮南子·天文》：“爰止羲和，爰息六螭，是谓悬车。”原注：“日乘车，驾以六龙，羲和御之。”另一说，“羲和”是羲氏和和氏的并称，传说尧曾命羲仲、羲叔、和仲、和叔两对兄弟分驻四方，以观天象，并制历法。《书·尧典》：“乃命羲和，钦若昊天，厤象日月星辰，敬授人时。”但是这些说法都和太阳有关，后来在一些文学作品中，“羲和”也借指太阳。例如《后汉书·崔骃传》：“氛霓郁以横厉兮，羲和忽以潜晖。”李贤注：“羲和，日也。”晋葛洪《抱朴子·任命》：“昼竞羲和之末景，夕照望舒之余耀。”

“羲和”也可写作“曦和”，“曦”是日色、阳光的意思。《玉篇·日部》：

"曦，日色也。"《集韵·支韵》："曦，赫曦，日光。"曦字从日，从羲。日字我们都知道它是太阳的象形字，甲骨文有、、等写法。"羲"字铭文作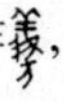，从兮，本义是指气舒展而出。《说文·兮部》："羲，气也。从兮義声。"段玉裁注："谓气之吹嘘也。"所以"曦"字表示日光、日气、日色这一类的意思。

"曦"除了作"阳光"，它本身也可以作"太阳"讲，当是从借代用法演变的。例如"曦月"是指日月；"曦舒"也是指太阳和月亮，"舒"表示月亮是从"望舒"借代的。还有"曦光"是指阳光等，所以很多诗词中，作者直接用"曦"来指代太阳。如唐韩愈的《南内朝贺归呈同事》诗："薄云蔽秋曦，清雨不成泥。"

文学作品中还常常出现"赫曦"这个词，或作"赫羲"，亦作"赫爔"，它是什么意思呢？首先，"赫曦"可表示炎暑炽盛的样子，如唐张九龄《夏日奉使南海在道中作》诗："缅然万里路，赫曦三伏时。""赫曦"还指光明的样子，如宋司马光《次韵和冲卿中秋陇月》："岂无锦幄翠帘垂，匝树明灯正赫曦。"还指阳光，明高攀龙《答南皋四》："读先生合编，竟先生之言，如赫曦透体。"并由这些词义还引申出可以表示"显赫"的样子。南朝梁江淹《伤爱子赋》："缅吾祖之赫羲，帝高阳之玄胄。"

由此看来，"曦"字以及与其密切相关的字都与"太阳"有千丝万缕的联系。

太阳这个恒星对于地球上的生物来说就是生命的象征。早在远古时代，先民们就由于趋光趋暖的本性而对太阳倍加关注，太阳也成了"最能牵动史前先民感知和注意力的物象形式"。对太阳的崇拜可以说是世界上各个民族的通性，我们可以在地球上的各民族中找到太阳神崇拜的印记。在中国古老的甲骨卜辞中，就有大量记载祭祀太阳的卜辞。据陈梦家等先生的研究，殷人祭祀太阳的仪式，名目繁多，常见的有"宾""御""又""岁"等。如"乙巳

图一所示甲骨为商晚期之物，长17厘米，宽2.6厘米，河南安阳出土。其上刻有“癸酉贞日夕又食”文字，提到在商王武乙某年某月癸酉日的一次日食，为世界现存最早的日食记录之一。图二为其拓本。
图一引自《日者观天录》韩云波、郝敬、张莉译著 重庆出版社2008年3月第1版 第127页
图二引自《帝王的星占——中国星占揭秘》陈久金 著 群言出版社 2007年10月第1版 第100页

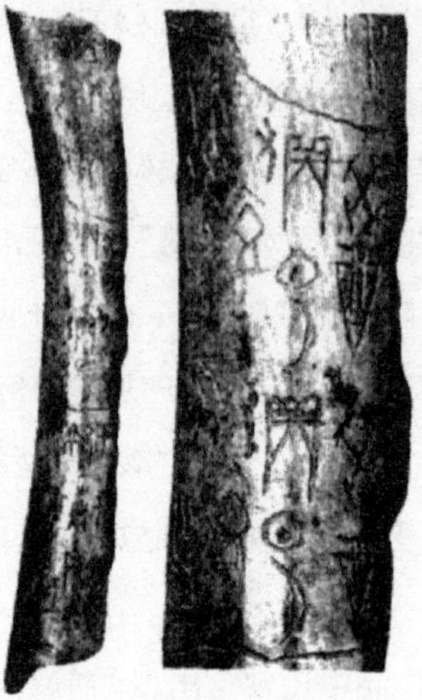
图一

图二

卜，王宾日。”（《佚存》）“出、入日，岁三年。”（《殷契粹编》）“辛未卜，又于出日。”（《殷契粹编》）等等。

在天文学中，人们对太阳的观测和研究也非常重视，古人在通过长期对太阳的观察中发现太阳上有很多不同的景象，如日食、日晕、日珥、日有芒刺、日中见乌（黑子）、日中有云气等。我们说过，古人将天上的星辰和人世间相关联，在我国古代的占星学中，太阳为人君的象征，所以对太阳的观测更加注重，而太阳上出现的各种现象也会被赋予不同的解说。

日食，或称日蚀，是人们非常重视的天文现象。我们现在知道，日食只不过是月球正好运行到太阳和地球中间，挡住了太阳射向地球的光芒，如果这三者恰好处在一条直线时，且月球在近日点的位置，月球就会全部遮挡住太阳光，只留下身后的黑影落到地球上，这时就叫做日全食。当三者在同一条直线上，但是月球处在远日点时，就会发生日环食。而如果不是恰好处在同一条直线上，则月球不能遮挡全部的日光，就会发生日偏食。

中国有世界上最早、最完整、最丰富的日食记录。光是古文献记载（不包括甲骨文），就有1 000多次日食记录。最早是《尚书》记载的发生在公元前1948年的一次日食。《诗经》中也有对发生在公元前776年的一次日食的记载："十月之交，朔日辛卯，日有食之。"日食现象我们今人并不感到诡异，然而在科学技术低下的古代，人们对太阳消失了这一现象却是感到不安甚至恐惧的，故民间有"天狗食日"的说法。并且认为发生这样的事情一定和君主的执政有关，是不祥的预示。《晋书·天文志》曰："日为太阳之精，主生养恩德，人君之象也。……日食，阴侵阳，臣掩君之象，有亡国。"《开元占经》引《礼纬斗威仪》曰："又君喜怒无常，轻杀不辜，戮无罪，慢天地，忽鬼神，则日食。"

因此，一旦发生了日食现象，人们就会进行"救日"活动来救天子并禳灾。《己巳占》中就有详细的救日活动的具体做法，曰："凡日食者，皆着赤帻，以助阳也。日将食，天子素服，避正殿，内外严警。大史灵台伺日有变，便伐鼓。开鼓音作，侍臣背着赤帻、带剑以助阳，顺之也。"日食现象被古人认为是凶兆，并且是关系社稷的大事，当时的天文家或者星占家如果没能准确预报或者错误预报了日食的发生，甚至还会招来杀身之祸。这样我们也就不难理解为什么我国古代典籍或地方志中有那么多那么详细的日食记载了。

太阳黑子是先民观察太阳的另一个重要发现，古人称为"日中有乌"。我国古代的神话传说认为人阳中有三只脚的乌鸟，是羲和女神的孩子，每天从东方大海的扶桑树处驾车升起。因此，"乌"也为太阳的代称。《山海经·大荒东经》："一日方至，一日方出，皆载于乌。"郭璞注："日中有三足乌。"《淮南子·精神》："日中有踆乌。"高诱注："踆，犹蹲也，谓三足乌。"扶桑树也成了日出东方的象征地点。

日中乌的神话在中国流传很广。1972年在长沙马王堆二号墓中，出土了一幅珍贵的彩绘帛画，上面就画着一轮中间站着一只乌鸟的太阳。那么为什

河姆渡文化骨匕上的双鸟太阳纹图

引自《天文考古通论》陆思贤、李迪著 紫禁城出版社 2000年11月第1版 第56页

美洲印第安文化四鸟太阳纹图案

引自《天文考古通论》陆思贤、李迪著 紫禁城出版社 2000年11月第1版 第145页

么是三只足呢？古人认为太阳属性为阳，而三是阳数，故有三足。

据古代占星学观点，若见到太阳黑子，便是江山社稷出现了问题，也是国祸的凶兆。因此和日食一样，我国古代对太阳黑子的观察和记录也非常详细。现今世界公认的关于太阳黑子的最早记录是发生在西汉成帝河平元年(前28) 时期，《后汉书·五行志》记载："成帝河平元年三月乙未，日出黄，有黑气，大如钱，居日中央。"其实我们现在知道，太阳黑子是太阳表面的气体漩涡，因为其温度较邻近的区域稍低，所以从地球上看这些部分颜色较暗，好像是太阳表面上的黑斑，故称太阳黑子。

古人对黑子的形状观测得也特别精细，并将它们描写成为如桃、如李、如钱、如瓜、如卵、如枣、如人、如飞燕等的样子。我们现代的天文学家常把黑子分为圆形、椭圆形和不规则形三类。看起来还是古人更具有浪漫主义思想呢。

此外，太阳上发生的现象还有日珥、日冕等等。日珥是太阳周围发出的光晕，通常发生在太阳的色球层，升起像气体一样的火焰。古人看到了这种现象，将其命名为日珥，就是像太阳的耳朵一样。《释名·释天》："珥，气在日两旁之名也。珥，耳也，言似人耳之在两旁也。"日冕是发生在日全食时的一种景象，在黑暗的太阳表面周围有一层淡黄色的光芒，叫做日冕，就好像是太阳的冠冕一样。

在我国古典文学作品中，"太阳"这个意象可以说是占有极其重要的地位，其内涵也是丰富多彩的。文学作品中，表示太阳的词汇就不计其数，如太阳的别称有：白驹、金虎、赤乌、阳乌、金乌、金轮、火轮、赤轮、晷景、奔晷、朱曦、曦和、阳明、大明、明光、光朱、曙雀、红日等；还有不同时节的太阳也有不同叫法，如春天的太阳——春晖、春日，夏天的太阳——骄阳、金阳、酷阳、烈日、炎日、赤日，早晨的太阳——朝阳、朝曦、朝暾、朝光、朝晕、初旭、初景、朝晖、朝日、晨曦，黄昏的太阳——夕阳、夕曛、残阳、斜阳等等；表示阳光颜色的有金黄、火红、鲜红、浅红、朱红、赭红、殷红、绯红等等。

带有太阳的诗词佳句更是俯拾皆是，且在不同的诗词中体现出丰富多彩的意境。如"锄禾日当午，汗滴禾下土"是炎炎酷热的；"日照香炉生紫烟，遥看瀑布挂前川"是瑰丽雄奇的；"日出江花红胜火"和"映日荷花别样红"是热情红火的；"白日依山尽，黄河入海流"是寥廓宏大的；"千里黄云白日曛，北风吹雁雪纷纷"是悲壮深沉的；"夕阳无限好，只是近黄昏"是深情哲理；"溪云初起日沉阁，山雨欲来风满楼"是暮色苍凉的……

古诗古文中的"日"不仅是自然景观，更是文人情感与哲思的承载物，它包含着人们对自然的思考，对人生的探索。人们通过这一伟大的景观抒发自己难以名状的情感和丰富多样的精神追求，太阳也因此成为了沟通人事和无限宇宙的中介物。太阳自身具有的自然精神和文人赋予的社会精神相结合，使其成了文人笔下的宠儿，其意象也深入人心，数千年来不断被赋予丰富的内涵。

【气冲霄“汉”】

东林月未升，廓落星与汉。
是夕鸿始来，斋中起长叹。
怀哉望南浦，眇然夜将半。
但有秋水声，愁使心神乱。
握中何为赠，瑶草已衰散。
海鳞未化时，各在天一岸。

——唐·王昌龄《赠史昭》

夏日里的夜空，我们抬头望去，总能看到一条乳白色的亮带横亘于星空。它自北向南，汹涌流去，把天球分成了几乎相等的两个部分。这一条长长的、似云非云似水非水的亮带，由一千亿颗恒星组成，我们生活的地球也在其中，这就是银河。

自古以来，美丽而又气势磅礴的银河令人遐想不已，也成了古今文人创作的源泉。隋人江总《内殿赋新诗》："织女今夕渡银河，当见新秋停玉梭。"唐人李白《望庐山瀑布》："飞流直下三千尺，疑是银河落九天。"明人孙仁孺《东郭记·钻穴隙》："到而今可是难依傍，只落得一水银河隔两厢。"杨沫《青春之歌》第一部第二三章："夏夜，天上缀满了闪闪发光的星星，像细碎的流沙铺成的银河斜躺在青色的天宇上。"

在美丽的神话传说中，银河又成了人们编织故事的好素材。在中国，银河是王母娘娘为了阻挡牛郎追赶织女而用金簪划出来的一条天河。在希腊神话中，银河是宙斯之妻赫拉喂食宙斯与其情人伊娥的私生子赫尔克里斯而溅洒在天空中的奶汁，所以叫做Milky way，字面意思是"乳之路"。

银河，古代典籍里常以"汉"为名，或径直称作"汉"，如上引王昌龄诗中的"星与汉"，即星星和银河，意指夜空。又如，《诗经·小雅·大东》："维天有汉，监亦有光。"毛传："汉，天河也。"南朝梁江淹《别赋》："驾鹤上汉，骖鸾腾天。"清纳兰性德《采桑子》词："扑面霜空，斜汉朦胧，冷逼毡帷火不红。"毛泽东《渔家傲·反第一次大"围剿"》："万木霜天红烂漫，天兵怒气冲霄汉。"又或称作星汉、天汉、云汉、银汉。古诗文中，用例也不少。如，曹操《观沧海》："星汉灿烂，若出其里。"陆机《拟明月皎夜光》："招摇西北指，天汉东南倾。"李白《月下独酌》："永结无情游，相期邈云汉。"苏轼《阳关曲》："暮云收尽溢清寒，银汉无声转玉盘。"秦观《鹊桥仙》词："纤云弄巧，飞星传恨，银汉迢迢暗度。"

"汉"的繁体写作"漢"，文字构形从水，字的本义必定与水有关，所谓"凡水之属皆从水"。《说文·水部》就说："汉，漾也，东为沧浪水。从水，難省声。""漾"就是漾水。《说文》："漾，水；出陇西相道，东至武都为汉。从水，羕

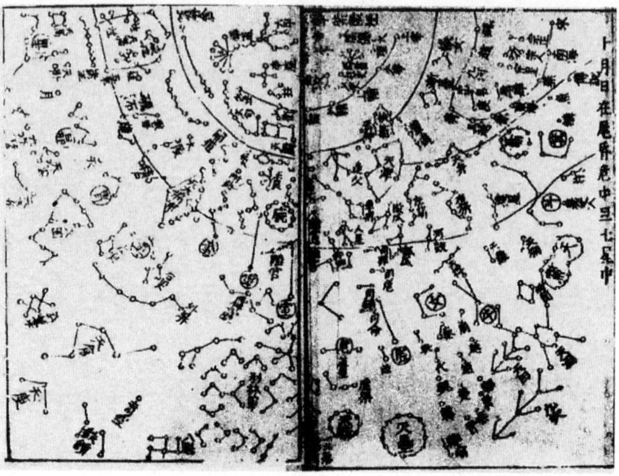

明《三才图会》十月星图中的银河

选自《星象解码》陈久金著 群言出版社2004年5月第1版 第206页

声。”由《说文》知，“汉”为水名，即汉水，一名“汉江”，是长江最长的支流，源出陕西西南部宁强县，流经陕西、湖北，在武汉市入长江。朱骏声《说文通训定声》说：“域中大水也。出今陕西汉中府宁羌州北嶓冢山为漾，至南郑县西为汉，今名东汉水，东流至湖北襄阳府均州名沧浪之水，又东南流至汉阳府汉阳县汉口合江。”汉水的上游叫漾水，中游叫汉水，下游叫沧浪水，至汉口注入长江，所以，许慎就以“漾”释“汉”。

银河既然是“天河”，而“汉”又是水名，以“汉”命名天河，似乎也是名正言顺、顺理成章的了。所以，“汉”字又引申指天河、银河。《尔雅·释天》说：“箕、斗之间，汉津也。”除了前面引的一些例证外，又如，晋人杨泉《物理论》：“星者，元气之英也；汉，水之精也。”这里的“汉”也是指天河、银河。

就字形而论，“汉”字的出现可能比较晚，既未见于甲骨文，也未见于西周及春秋金文。传世文献中，最早出现“汉”字的，恐怕是经过孔子整理过的《尚书》与《诗经》。《尚书·禹贡》说“江汉朝宗于海”“浮于江、沱、潜、汉”“嶓冢导漾，东流为汉，又东为沧浪之水，过三澨，至于大别，南入于江”。《诗经·大雅·江汉》说，“江汉浮浮，武夫滔滔”“江汉汤汤（shāng），武夫洸洸”。《诗经·国风·周南·汉广》：“汉之广矣，不可泳思。”《诗经·小雅·四月》：“滔滔江汉，南国之纪。”这里说的“汉”字均是河流的名称，即“汉水”。又，《诗经·小雅·大东》说，“维天有汉，鉴亦有光”，《诗经·大雅·云汉》说，“倬彼云汉，昭回于天”（倬，显著；昭，光）。这里的“汉”“云汉”指的则是银河、天河。

今天，我们能见到最早的写有“汉”字的实物，是出土的战国时期楚国文物。一是《鄂君启舟节》。这是楚怀王六年（前323）所铸的错金字铜节，“汉”字出现了两次，分别写作、。舟节文说：“自鄂市，逾湖，上灘……逾灘，庚汪。”“灘”即“汉”，都是指汉水。二是楚国的竹简。“汉”字出现了三次，即《上海博物馆藏战国楚竹书一·孔子诗论》简10、《上海博物馆藏战国楚竹书二·容成氏》简27—28，分别写作、、。简文说：“禹乃從灘（漢）㠯南爲名谷五百，從灘（漢）㠯北爲名谷五百。”（《上海博物馆藏战国楚竹书二·容成氏》简27—28）文中“灘”亦即“汉”，指汉水。

就文字构形而言，这五个出土的楚国“汉”字，虽然笔画上稍有差异，但结构完全一致，都可以分析为从水、難（难）声。至此，读者朋友也许会感到奇怪：明明是水滩、河滩、沙滩、海滩的“灘（滩）”字，怎么会是“漢（汉）”字呢？

这就需要回到《说文》的训释上来说起。“漢（汉）”，小篆写作，《说文》“漾也，东为沧浪水”的释义与前引《禹贡》是一致的，只是其“从水，難省声”的字形分析历来受到怀疑，清人段玉裁就认为是“浅人所改”，不是许慎的原文。今天看来，《说文》“難省声”的字形结构分析与《鄂君启舟节》、楚简中的“灘”完全吻合，可以互相印证，与“浅人”没有丝毫关系。依照

荥阳楚河汉界

选自《郑州非物质文化遗产》郑州非物质文化遗产保护中心 编 河南人民出版社 2010年9月第1版 第126页

《说文》，既说"漢（汉）"是"難（难）省声"，那么，其不省者就自然应当写作"灘（滩）"。然而，同在《说文·水部》，许慎又收"灘"为"灢"字的俗体，看似自相矛盾。对这一文字现象，合理的解释似乎应该是这样："灘"既是"汉水"之"漢（汉）"的本字，又是沙滩、河滩之"灢"的俗字。换句话说，"漢（汉）"与"灘（滩）"古本一字，汉代以后一分为二，赋予了不同的意义。现在的文字使用基本固定下来：汉水之汉写作"漢（汉）"，而沙滩、河滩之滩则写作"灘（滩）"。

本为水名的"汉"字用于人事，始于项羽封刘邦为汉王。《史记·高祖本纪》说："[元年] 正月，项羽自立为西楚霸王，王梁、楚地九郡，都彭城。负约，更立沛公为汉王，王巴、蜀、汉中，都南郑。""汉王"之称即因刘邦封于汉中而得名。自此以后，汉王的军队便叫汉兵。《史记·高祖本纪》："[元年] 八月，汉王用韩信之计（指韩王信，不是淮阴侯韩信），从故道还，袭雍王章邯。……令故吴令郑昌为韩王，距汉兵。"而此之前《史记》只称沛公兵。《史记·高祖本纪》："汉元年十月，沛公兵遂先诸侯至霸上。"

汉二年二月，"令除秦社稷，更立汉社稷"，则开始以"汉"为国号了。汉五年正月，诸侯及将相相与共请汉王为皇帝。汉王刘邦稍微客气了一番，遂于二月甲午日即皇帝位于汜水之阳（今山东曹县境内）。这就是史书上所说的汉高祖，西汉王朝正式建立。至此，“汉”字由水名、地名一变而为朝代名。

汉武帝以后，正式出现“汉人”“汉民”之类的称呼。《汉书·魏相传》：“闻者匈奴尝有善意，所得汉民辄奉归之，未有犯于边境。”《汉书·李广利传》：“汉无攻我，我尽出善马，恣所取，而给汉军食。”到了东汉以后，汉人、汉民的说法就更加普遍了。《后汉书·西羌传》引班彪的话说“今凉州部皆有降羌，羌胡被发左衽，而与汉人杂处，习俗既异，言语不通”。这时候的“汉人”已专指生活在中原地区而承继华夏文明的华夏族的后裔，与蛮夷戎狄相区别。可见，“汉族”作为一个民族的称谓，正是由刘邦建立汉王朝而得名的。正式称为“汉族”，大约在魏晋之际。

“汉字”出现之前相当长的历史时期里，古人把自己所使用的书写符号只叫“文字”。《说文·叙》说：“盖文字者，经艺之本，王政之始，前人所以垂后，后人所以识古。”“汉字”一词，最早见于《元史》。《元史·兵志·马政》：“(马) 收除见在数目，造蒙古、回回、汉字文册以闻，其总数盖不可知也。”又，《元史·刑法志·职志》：“诸内外百司五品以上表章，并以蒙古字书，毋敢不敬，仍以汉字书其副。”在元代，“汉字”是区别于蒙古、回回文字的。由此可知，所谓“汉字”，是指中原汉族人所使用的文字。

“汉”字的词义演变大致是这样的一条轨迹：汉 [水名] ——→汉中 [地名] ——→汉王——→汉军——→汉朝——→汉民、汉人——→汉族——→汉字。

都说“女人是水做的，男人是泥做的”。有趣的是，汉代之后，“汉”字又被赋予了特殊的含义：成年男子。

“泥做的”男人又怎么会被称“汉”呢？这是因为，在汉代，同匈奴的战争与和亲对社会经济和文化的影响都有很大，反映在语言文字上，便有“汉民”“汉人”等语。在胡人眼里，汉朝的君臣士庶便是汉人，汉朝的百姓便是汉民。如《汉书·匈奴传》:“近西羌保塞与汉人交通。”同书《魏相传》云:“间者匈奴尝有善意,所得汉民辄奉归之,未有犯于边境。”久而久之,特别是五胡乱华之后,在北方各少数民族看来,汉族人便是汉人(今天还是如此),汉族女子称汉女、汉家女;男子便称汉子,或干脆叫“汉”。这些称呼又传到“汉人”中来,反映到汉语里,并由此而逐渐衍生许多“汉”来。一些“汉”还见于史书和古人诗文。例如汉子、此汉。《北史·魏兰根传附魏恺传》:“(魏)恺自散骑常侍迁青州长史,固辞。文宣大怒曰:‘何物汉子,与官不就!’……帝谓杨愔曰:‘何虑无人,苦用此汉!放还,永不须收。’”同书《邢邵传》:“文襄富于春秋,初总朝政,崔暹每劝礼接名贤,询访得失,以邵宿有名望,故请征焉。文襄甚亲重之,多别引见。邵归鄙暹无学术,言论之际,遂云暹无所知解。文襄还,以邵言告暹,并道:‘此汉不可亲近。’”此汉,犹今言“这家伙”。

此外,还有钝汉(犹今言笨蛋、傻瓜)、好汉、醉汉、空头汉、憨老汉、脱空汉(脱空,即虚诞、无着落)、不了事汉(不了事,犹言不懂事,不识相)、墙外汉、门外汉、狂汉、饥汉、饿汉、饱汉、壮汉、懒汉、蛮汉、刁汉、蠢汉、疯汉、英雄汉、男子汉、庄稼汉、老汉等等,多见于史籍诗文,尤常用于口语。

经历了一番上天入地、全方位大腾挪之后,“汉”字的词义非常丰富,既是水名、地名、朝代名、种族名,又可指成年男子,因此,在具体的语境中,要明确“汉”字的确切含义就很难,更何况这其中还不乏人为的因素。

中国很早就有了避讳之习俗。所谓避讳,就是在语言的交际中躲开一些忌讳的字眼,这其中也包括个人讳,就是对个人名字的避讳。这一习俗绵延不绝,其中也不乏一些滑稽可笑的事例。根据陆游《老学庵笔记》卷三的记载,北宋时有一宗室,名宗汉,讨厌别人犯其名讳,要求将“汉”称作“兵士”,举宫皆然。一天,他的老婆供奉罗汉,儿子在读《汉书》,面对他的询问,宫中人只好说:“今日夫人召僧供十八大阿罗兵士,太保请官教点《兵士书》。”一时间京城百姓传为笑谈。“汉”字的“兵士”之义，只是一时供人茶余饭后的笑谈，终究改变不了“汉”字的命运。

笑话终归是笑话。笑归笑，笑过之余，我们恐怕还是要明白：此“汉”非彼“汉”。

特殊的星

〖"极"星高照〗

人们常说北极星是天空中最亮的那颗星星。由于北极星位于地球地轴北部的上方，从地球的北半球看，北极星的位置几乎不变，因此古代航海的人们如果在茫茫大海中迷途了，即使没有罗盘，也能够在北极星的指引下找到方向。晋代葛洪的《抱朴子·外篇·嘉遁》里面讲："夫群迷乎云梦者，必须指南以知道，并乎沧海者，比仰辰极以得反。"意思就是说，如果在云梦大泽里迷失了，必须依靠司南来指明方向；如果在大海里迷失了，依靠北极星就能够返回。在我们的常识中，也感到似乎北极星总是在北方的天空中闪闪发亮，因而北极星还常常象征着坚定、执着和守护。

在中国传统文化中，北极星的地位是非常高的。在《论语·为政》中就有"为政以德，譬如北辰，居其所，而众星拱之"的说法，这里的"北辰"指的就是北极星。整句的意思是：(周君) 以道德教化来治理政事，就会像北极星

北斗帝车图 画像石 汉代

天帝坐在用北斗星组成的马车中，巡游四方。周围是大臣朝拜，行车一走就是一年。当北斗柄指向东西南北方向时，就象征天帝出巡行到东西南北方向，也就是春、夏、秋、冬的产生。

引自《日者观天录》韩云波、郝敬、张莉 译著 重庆出版社 2008年3月第1版 第241页

那样，自己居于一定的方位，而群星都会环绕在它的周围。这段话代表了孔子的“为政以德”的思想，统治者如果实行德治，群臣百姓就会自动围绕着你转。孔子这样来譬喻，同时也说明了北极星的地位之高，处于众星相捧的地位。

那么北极星与北辰到底名字何来呢？我们就要先来看看“极”字的意义了。我们现在的简体字“极”，古代繁体写为“極”，甲骨文中未见，小篆写作𣙗。《说文・木部》：“极（極），栋也。从木，亟声。”五代徐锴《说文解字系传》：“极（極），屋脊之栋也，今人谓高及甚为极，义出于此。”由《说文》和徐锴的传我们可以看到，极（極）是个形声字，本义从木，是指屋顶最高处的水平木梁。后来由屋顶最高处的横梁引申为“顶点，最高的地位”和“至，尽头”等相关意思。

极（極）也有“中，正中”的意思。吴善述《说文广义校订》：“栋在屋之正中，故栋与极并有中义，因之凡在中者名极……天之中枢曰北极、南极、赤极、黄极。又因之有正义。正犹中也。”从这个文例中我们可以看到，古人对天

空也进行区域的划分，也正因为北辰，也就是北边的星星，在北方天空中间的最高处最顶端，所以命名为“北极星”。也有很多例证说明，《楚辞·刘向〈九叹·远逝〉》：“引日月以指极兮，少须臾而释思。”王逸注：“极，中也，谓北辰星也。”《后汉书·文苑传·杜笃》：“推天时，顺斗极。”李贤注：“极，谓北极星也。”

《说文》说“極”是“从木，亟声”，那么表示读音的“亟”字只是和“極”有字音上的关系么？通过查阅资料我们发现似乎并不是这样的，这两个字在古文献中还有一些用法和意义上的千丝万缕的联系。《易·说卦》“为亟心”，陆德明释文：“亟，荀作極，云：中也。”在这个例子中，“亟”与“極”同，使用的是極作为“正中”的意思。《书·微子》“召敌仇”，孔安国传“而又亟行暴虐”，陆德明释文“亟，本又作極，如字，至也”。在这里，“亟”与“極”同，使用的是“至”的意义。由此看来，古代“亟”与“极”有混用的情况发生，难怪于省吾先生在《甲骨文释林》中认为这两个字是古今字的关系：“亟，古極字……亟字中从人，而上下有二横画，上極于顶，下極于踵，而極之本义昭然可现矣。”

说了这么多“極”字的解释，想必大家对它的来龙去脉也有所了解了。而古代也有现在作为简体“极”的这个字，下面我们再简单说一下古代写作“极”的这个字的意义。《说文·木部》：“极，驴上负也。从木，及声。”段玉裁注：“极，驴上所以负也，盖若今驮鞍。”《说文》所谓“驴上负”，也就是放在驴背上用来载物的木架或木板，所以从木旁，及是读音，是个典型的形声字。《玉篇·木部》中也有相同义项：“极，驴上负版。”

当然，北辰被叫做北极星也有其天文学上的科学依据。在天文学上，球面上和一个大圆上各点角距离相等的两点，叫做该大圆的极。地球自转轴同地球表面相交的两点，叫做“地极”。在北半球的叫做“北极”，在南半球的叫做“南极”。北辰位于地球自转轴北极的延长线上，所以自然被叫做“北极星”。

北极星

引自《360度图解十万个为什么·天文地理篇》刘香英 编写 陕西人民出版社 2006年2月第1版 第66页

现在再回到我们前面所提到的孔子所说的，为政者德行如何像北极星才能让臣民愿意追随他。那就要先看看北极星有哪些优秀的德行和品质了。一年四季，不论春夏秋冬，不论严寒酷暑，风霜雨雪，北极星总是在北方的天空中给迷途中的人们指引方向，带来希望，它坚守自己的位置不移动。而这正是为政者所需的，知道自己的职责范围，待在自己的位置上给臣民以榜样和希望，只有这样，才能得到臣民的拥护和爱戴。

当然，这种崇拜北极星的思想也与华夏先民中央崇拜的思想意识不可分割。考古学家曾经在河南濮阳西水坡45号幕中发现了大约6 000年前的北斗星、东方苍龙和西方白虎等的摆件，这反映了仰韶时期先民们有关天体崇拜和群星拱极的观念早已产生。在中国古代北极星又被称为紫微星、勾陈、北辰等，因为其“居其所而众星拱之”的独特景象，所以经常用来比喻帝王或受尊崇的人。

《史记·天官书》云：“中宫天极星，其一明者，太一常居也……环之匡卫十二星，藩臣，皆曰紫宫。”古人以北天极为全天的中心，故环绕北极周围的紫微垣又叫“中宫”。《春秋文耀钩》曰：“中宫大帝，其精北极星。”故北极星又叫做帝星。《尔雅·释天》曰：“北极谓之北辰。”孔子说过：“为政以德，譬如北辰，居其所而众星拱之。”《史记·天官书》和纬书《春秋文耀钩》所谓天极星就是北极星，是天皇大帝即太一神所常居的地方。太一，又叫泰一，是天神中最尊贵的。天帝居的中宫，又叫紫微垣、紫宫，说明这是发号施令的地方，是主宰天神运动的中心。所以，地上的皇帝也把自己居住的地方叫“紫禁城”，表明这里是中央集权的所在。

再者，我国古代先民对北极星的崇拜还缘于先民通过星象制定历法，对先民们的生产和生活带来极大实用价值。《周礼·冬官·考工记》云：“昼参诸日之中，夜考之极星，以正朝夕。”反映了北极星在观象授时的早期所起的重要作用。北斗星围绕北极星作准确的周期运转，让先民们有了时历记载的根据，使得先民们能够较为迅速准确地把握节气、时历的规律，为先民们的生产生活发展提供了极大帮助。

同样作为文明古国的古希腊、古罗马、古埃及等国家对北极星就没有如

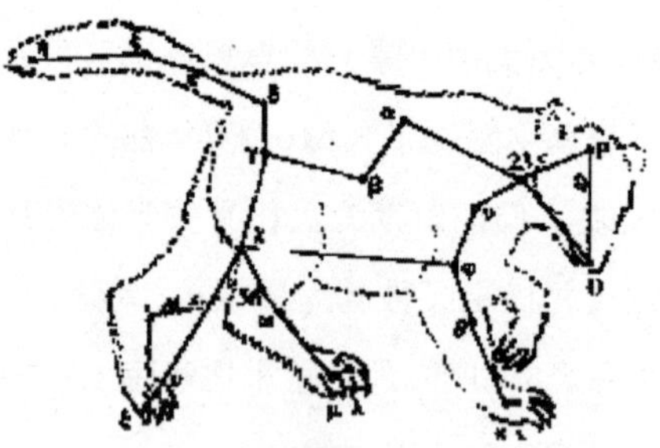

大熊星座

小熊星座

大熊星座和小熊星座

引自《认识星历：古代天文历法初步》郑慧生 著 河南大学出版社 2006年4月第1版 第63页

此强烈的崇拜。在我国神话中紫微垣是天帝的神宫，而在希腊神话中，相对应的星座，也就是大小熊星座，则是记录了一段由于天神宙斯的“护花”行为而险些弑母的母子悲剧故事。我们前面说过紫薇星就是北极星，也是小熊座的主星。由此可见，不同的思想会产生极大的意识差别。

我们都知道楚国是一个文学发达、思想浪漫的国度，其实楚国还是一个天文学发达的国度。在我们熟悉的《楚辞》中，较多提到的即是北极星附近的星名。如《九歌·东君》：“援北斗兮酌桂浆。”《九歌》中另有一篇名叫《东皇太一》，王逸注：“太一，星名，天之尊神。祠在楚东，配以东帝，故云东皇。”这说明天文知识在楚国的普及率还是比较高的，所谓“三代人人皆知天文”。

“电绕枢光”的典故大家也许听过。《史记》卷一《五帝本纪·黄帝》中记载：“黄帝者，少典之子，姓公孙，名曰轩辕。生而神灵，弱而能言，幼而徇齐，长而敦敏，成而聪明。”唐代张守节注：“黄帝有熊国君，乃少典国君之次子，号曰有熊氏，又曰缙云氏，又曰帝鸿氏，亦曰帝轩氏。母曰附宝，之祁野，见大电绕北斗枢星，感而怀孕，二十四月而生黄帝于寿丘。寿丘在鲁东门之北，今在兖州曲阜县东北六里。生日角龙颜，有景云之瑞，以土德王，故曰黄帝。”我们知道传说中黄帝非常有作为，他一统北方后，又命仓颉为史官，始创六书；命风后衍握奇图，始创阵法；命隶首定数，而律度量衡以成；命伶伦定律吕，而始有五音；咨于岐伯而作《内经》，始有医术技术等等。由此看来，黄帝的母亲因为见到了奇异星象而怀孕并生下了华夏民族的“初祖”，才有了华夏子孙繁衍后代。因此，后来“电绕枢光”这个词就用来指圣人诞生，也作“电绕璇枢”“电绕”等。

中国古代的文学作品中也有不少含有北极星的诗词，并且在很多情况下，诗人所用的都是其相关的比喻义。如杜甫的《登楼》：

花近高楼伤客心，万方多难此登临。

锦江春色来天地，玉垒浮云变古今。

北极朝廷终不改，西山寇盗莫相侵。

可怜后主还祠庙，日暮聊为梁父吟。

其中这句“北极朝廷终不改”就是用了北极星的象征意义，北极就是指北极星，在这里比喻朝廷中枢；“终不改”是说终究不能改，始终没有改。也就是诗人用北极星来形象地比喻大唐政权的稳固。明代郑和的翻译官马欢的《瀛涯胜览 · 纪行诗》中有这样几句：

欲投西域遥凝目，但见波光连天绿。舟人矫首混西东，惟指星辰定南北。

这几句则是提到了北极星能使人在航海中辨明方向的作用。

北极星，在夜空中最明亮的那颗星，是如此地美丽，美到连它的名字都充满着魅力，以至于古往今来的人们都对它心生向往。小时候写作文，我们经常将夜幕比作黑色的丝绒地毯，将漫天繁星比作散落在上面的钻石，如果真的是这样的话，那么北极星一定是最大最闪亮的那颗。现代诗人泗河曾经写过这样浪漫的诗句：“银河，有多少迷茫的星辰，浸泡在你混浊的泪中，迷失了他们的眼睛，……北极星站定了方向，把宇宙中夜游的目光，尽数引向北方。”

“流”星赶月

徐家破镜昏如雾。半面人间露。等闲相约是看灯。谁料人间天上、似流星。朱门帘影深深雨。憔悴新人舞。天涯海角赏新晴。惟有桥边卖镜、是闲行。

——刘辰翁《虞美人》

生命可长，犹如胡杨，千年不倒；生命可短，犹如流星，瞬间划过。谁人能逃脱时间的魔咒，在宇宙中任意穿梭，流星赶月的结局也只能是错过。一说到流星，脑海中就会出现夜幕中白光坠落的凄美景象，人也会忍不住感慨颇多。今天我们就来讲讲这被赋予各种色彩与传说的天文现象“流星”。

在讲流星之前我们还是要先说一说“流”。流字从水，石鼓文写作“”，两“水”夹一“㐬”，《说文》的水部里写作“”，与石鼓文非常接近。《说文·水部》：“，水行也。从沝、㐬，㐬，突忽也。流，篆文从水。”《说文》小篆写作“”，

只从一个水。那么从二水的沝 (zhuǐ) 和水是什么关系呢？《说文·沝部》:“沝，二水也。阙。”我们看到，许慎在《说文》中为对沝字进行解释，只分析了字形从二水。王筠在《说文句读》中对此作了较为详细的说明:“既释以二水也，而又云阙者，盖沝即水之异文。许君未得确据，故不质言之……《集韵》曰:‘闽人谓水曰沝。’则谓水、沝为两字。安康王玉树松亭曰:‘邝氏《易》“坎为水”。水作沝。郭忠恕《佩觿》:‘音义一而体别：水为沝，火为焜。’是水与沝音义并同。’筠案：此说最精。凡叠二成文者，如兟、屾、豩、所等字，皆当与本字无异，惟沝之水有据，故于此发之。”王筠的意思是“水”与“沝”二者是音义相同而字形不同罢了，“沝”当为“水”的本字。所以我们知道“流”字本从二水，写法较为复杂，后篆体从一水作“”。

我们知道了沝的来历，那么接下来要看“流”字所从的另一部分——㐬 (liú) 是什么情况。前面我们讲到《说文》中对流的解释有一句“㐬，突忽也”，但是我们在《汉语大字典》中并未查到㐬作“突忽”讲的义项。《汉语大字典》中对“㐬”是这样解释的:“㐬同‘旒’。《集韵·尤韵》:‘旒，或作㐬。’”也就是说“㐬”与“旒”是异体字，但是《汉语大字典》也未对㐬的意义作进一步说明。

“旒”是指古代旌旗直幅、飘带之类的下垂饰物，或作“斿”。《集韵·尤韵》:“旒，旌旗之斿。或作斿。”《诗·商颂·长发》:“受小球大球，为下国缀旒。”郑玄笺:“旒，旌旗之垂者也。”也泛指旗帜。“旒”还有一个用法，同“瑬”，指古代冠冕悬垂的玉串。《广韵·尤韵》:“瑬，《说文》曰:‘垂玉也，冕饰。’今典籍用旒。”《正字通·方部》:“旒，以丝绳贯玉，垂冕前后也。”“瑬”就是指那种我们看到的古装剧中皇帝或大臣头顶戴的前后有珠帘的帽子。这个义项接近我们今天所说的“流苏”一类的装饰物。

流字从水从㐬，“流”字的字义与二者均有关系。所以《说文》中解释“流”即为“水行”，也就是水的移动，也泛指一切液体的移动，也可以指像水

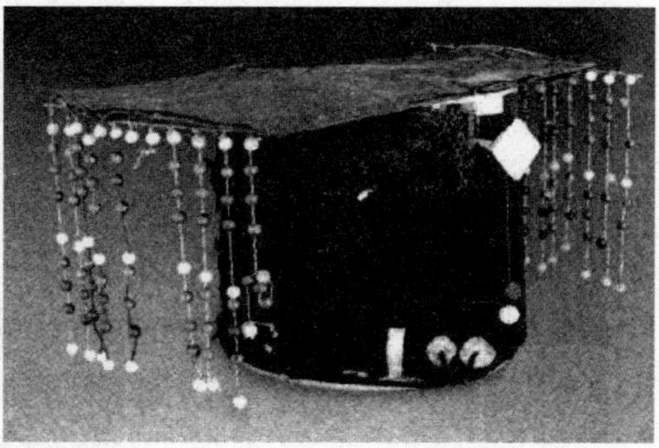

明定陵出土的皇帝冠冕
引自《中国消失的服饰》 吴欣 著
山东画报出版社 2010年5月第1版
第18页

流的东西，如：寒流、暖流、气流、电流等等。还可以指固体物体的移动，运行，如词语“七月流火”，其中的“火”指大火星，即星宿中的心宿；“流火”就是指火星移动位置。阴历五月的时候，看火星在中天，而到了阴历七月，火星的位置由中天而向西边天空低落，这个时候正是夏末初秋的时候，天气将要转凉，后来就用来借指农历七月暑渐退而秋将至之时。《诗·豳风·七月》：“七月流火，九月授衣。”孔颖达疏：“于七月之中，有西流者，是火之星也，知是将寒之渐。”

我们所说的“流星”就是指我们肉眼所见的好似从天坠落、快速移动的星体。实际上准确地说，流星的“星”与一般的行星相比根本算不上“星”，它只是一道光而已。流星是指运行在星际空间的流星体（通常包括宇宙尘粒和固体块等空间物质）在接近地球时由于受到地球的引力，从而进入地球大气层，并与大气摩擦燃烧所产生的光迹。大部分可见的流星体都非常非常微小，体积和沙粒差不多，重量在1克以下，但是速度极快，流星体进入大气层的速度可达到每秒钟11千米到72千米之间。虽然歌词里说“陪你去看流星雨落在这地球上”，但其实大部分流星是落不到地球表面的，因为它们基本上在与空气的摩擦中全部气化掉了，只有流星体非常大的情况下，可能还会有剩下的星体落到地面，落到地面上的就是我们通常所说的陨石了。

流星雨

引自《360度图解十万个为什么·天文地理篇》刘香英 编写 陕西人民出版社 2006年2月第1版 第70页

流星雨

引自《360度图解十万个为什么·天文地理篇》刘香英 编写 陕西人民出版社 2006年2月第1版 第71页

我国对流星的记录从非常早开始就有了，共有180次左右，且非常详细，包括出现和消失的时刻、方位、数目、颜色、亮度和持续的时间以及伴有的声响等等。其中天琴座流星雨记录大约有9次，英仙座流星雨大约12次，狮子座流星雨记录有7次。我国最早的相关记录当是《竹书纪年》中记载的一次夏桀时代的流星雨："帝癸（即夏桀）十五年，星错行，夜中星陨如雨。"然后就是世界上公认的最早的关于天琴座流星雨的记载，《左传·庄公七年》："七年春，夫人姜氏会齐侯于防。夏四月辛卯，夜，恒星不见，夜中星陨如雨。"

近年来也有学者对甲骨文进行研究发现，甲骨片上或已有武丁时代流星雨的记录。这些都是非常早的关于流星的记录，到后来的《汉书》《晋书》

《宋书》等则有更多更为详细准确的记录。如《宋书·天文志》中就有“刘宋元嘉二十年二月乙未(443年4月9日),有流星大如桃,出天津,入紫宫,须臾有细流星或五或三相继,又有一大流星从紫宫出,入北斗魁,须臾又一大流星出,贯索中,经天市垣,诸流星并向北行,至晓不可胜数”。还有对公元461年(南北朝时代)的一次天琴座流星雨作过生动的描述:“大明五年……三月,月掩轩辕。……有流星数千万,或长或短,或大或小。并四行,至晓而止。”这些都反映了我国古代对天文的观测非常超前。

现在的人们,尤其是年轻人,对流星雨都非常向往,常常有看见流星要许愿一定能实现等的浪漫说法。从电视上一直热播的偶像剧《流星雨》《一起来看流星雨》等等受到年轻人力捧的现象就能看出,流星在人们的心中似乎与心动的爱情、浪漫的誓言等等有千丝万缕的联系。殊不知,在古代不论是东方还是西方,流星似乎都与美好无关。

古人相信天人感应,认为天上的星都是对应地上的人,如果天上有星坠落那么就是意味着地上有人死去。西方有“一颗星坠落就必须有一份灵魂补上去”的说法,我国则有“天上一颗星,地上一个丁”的说法。《三国演义》第一百零四回中就讲了古人对天上的星对应世间之人的思想的重视。此回是描写诸葛亮之死的情况,诸葛亮禳星续命被魏延误踏灭了灯失败后,便知是自己命当绝矣,“是夜,孔明令人扶出,仰观北斗,遥指一星曰:‘此吾之将星也。’众视之,见其色昏暗,摇摇欲坠”。这就是说属于诸葛亮的那颗星要坠落了,预示着诸葛亮大限将至。其后不久,诸葛亮就驾鹤西游了,“是夜,天愁地惨,月色无光,孔明奄然归天”。但是为了不扰乱军心,诸葛亮之死秘不发丧,然而“司马懿夜观天文,见一大星,赤色,光芒有角,自东北方流于西南方,坠于蜀营内,三投再起,隐隐有声。懿惊喜曰:‘孔明死矣!’即传令起大兵追之”。由此我们可以看出,在古人们的心中,“有星陨落”绝不是什么浪漫的好事情。

古人还把“流星”称为“贼星”，这也说明了古人认为流星的出现是非常不吉祥的。《吕氏春秋·明理》：“有天干，有贼星，有斗(鬬)星，有宾星。”唐张碧《鸿沟》诗：“须臾垓下贼星起，歌声缭绕凄人耳。”清李宝嘉《南亭笔记》卷七：“当官至极品，以武员受文封，但现行部位，贼星显露，宜先入绿林以待时机。”

说到流星，我们再来讲一个可能大家不太熟悉的词语——仢(bó)约，或作彴(bó)约。“仢约”就是指流星。《说文》：“仢，约也。从人，勺声。”仢约，同“彴约”。流星。《说文·人部》：“仢，约也。”段玉裁注：“叠韵为训，或云，许本作‘仢约也’三字为句。”《玉篇·人部》：“《尔雅》曰：‘奔星为仢约’，即流星也。”按：今本《尔雅·释天》字作“彴”。《尔雅·释天》：“奔星为彴约。”邢昺疏：“奔星即流星也。一名彴约。”《集韵·乐韵》：“彴，流星名。”除了仢约，流星还有许多别名，如“飞星”“石星”“奔星”“奔精”“大滑”“地雁”“顿顽”“梁星”等等。

其实到后来，人们不再赋予流星那么重的迷信色彩了，而往往只是用“流星”来形容移动得非常迅速的事物。如词语“流星飞电”或作“流星掣电”，用来比喻迅疾，“流星赶月”是用来形容速度飞快等。

讲了这么多关于“流星”的种种，我们最后还要回归到“流”这个字上来。前面我们是从“流”字的本义讲开去的，从水的移动引申为液体的移动，再引申为物体的移动。这只是“流”字的几个重要的义项，“流”字还有很多其他的用法。如表示“流利”，声音圆转，比如诗歌中常出现的“流莺”意象。

说了这么多，简直要眼花缭乱了，希望朋友们都能在闲暇时光像古代的文人墨客一般，约上三五“流水高山”，掬一把“流英”，品一壶“流香”，在半月“流素”下吟诗作对，在汉字的海洋中“流连忘返”！

【星“陨”如雨】

宗子维城固，将军饮羽威。
岩花鉴里发，云叶锦中飞。
入宋星初陨，过湘燕早归。
倘因持补极，宁复想支机。

——李峤《石》

中国最早的关于陨石的记载可以追溯到公元前六世纪。“五经”之一的《春秋》中有这样的记载：“(鲁僖公) 十有六年，春，王正月戊申朔，陨石于宋五。”鲁僖公十六年是公元前644年，这条记载详细记录了陨石落下的时间、地点和数量。其后的《左传》中也有说明：“(鲁僖公) 十有六年春，陨石于宋五，陨星也。”并且《左传》将陨石称为“陨星”。我们开篇所引的唐代诗人李峤的诗作《石》中就提到了这个落于宋的陨星，说明古人对这个最早的陨石记录是公认的。并且在这个记载之后，古代资料典籍中对陨石的记录也是连续不断的，不仅是在正史中，在地方志等文献中也都有大量记载。

到底什么是陨石呢？在说陨石之前，我们还是先要来看看什么是“陨”。“陨”表示“坠落”，《尔雅·释诂》：“陨，坠也。”《说文》：“陨，从高下也。从𠂤，员声。《易》曰：‘有陨自天。’”《玉篇·阜部》：“陨，落也，堕也。”就是说，“陨”是从高处落下的意思。它是个形声字，形符为“𠂤”，声符“员”只表示读音。“陨”字所从的“𠂤”字，实际上就是我们今天的“阜”字，也就是我们俗称的“左耳旁”。

“𠂤”产生得很早，在甲骨文中有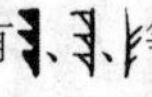等多种写法，《说文》古文作，《说文》小篆写作。这个字什么意思呢？《说文·𠂤部》：“𠂤，大陆，山无石者。”《玉篇·阜部》：“𠂤，同‘阜’。”也就是说，这个字与“阜”字同，是指没有石头的山，也就是大土山的意思。我们可以看到一些字书中对“阜”也是这样解释的，《尔雅·释地》：“大陆曰阜。”邢昺疏引李巡曰：“土地高大名曰阜。”《释名·释山》：“土山曰阜。”《诗·小雅·天保》中还有“如山如阜，如冈如陵”一句，可以看到“阜”是和“山”一类的，只是“有石曰山”。

这样看来的话，根据“陨”字所从的形符“𠂤”，“陨”字似乎与“坠落”义没有什么太大联系。实际上，我们前面说过，“𠂤”这个字从甲骨文就有了，所以我们要追溯到甲骨文中来对它的本义一探究竟。

我们先来看看同样以“阜”作偏旁的一组字——陟、降。

陟，甲骨文中有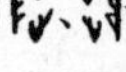等写法，它的字形非常明白，都是一边从一个像梯子一样有阶梯的东西，一边是两只向上的脚，所以它是个会意字，表示从低处向高处走的意思。《说文·阜部》：“陟，登也，从𠂤，从步。”陟字小篆作，已经可以看到它的左边就是“𠂤”。

降，和“陟”正好构成一组反义词，甲骨文写作，金文中有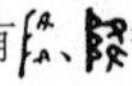等写法。

乍看上去，这个字形和“陟”字无异，但是细心观察就会发现，降字所从的两只脚是向下的，所以“降”字的意思是从高处往低处走，《说文·阜部》：“降，下也，从自，夅声。”也就和“陟”正好相反了。所以，看完这一组字，我相信，大家也就不难理解“陨”字的意思了。

讲清楚了“陨”，我们接着来看什么是陨石。朋友们就会说了，这陨石就是天上坠落的石头吧。其实，大多数流星体体积非常非常小，在高速坠落的过程中都气化掉了，只留下一道光划过。还有一些体积稍大的流星体，在进入地球大气层后，没有完全燃烧完，剩下的部分坠落在地面就成为陨星了。陨星又按其成分分为陨铁和陨石，又由于陨石比陨铁常见得多，所以我们常常听到“陨石”的说法。

《史记·天官书》中说：“星坠至地，则石也。”说明我国古人对陨石的本质很早就有了正确的认识，到了宋代对陨铁也有了新的认识。宋代大科学家沈括在《梦溪笔谈》中有过这样的描写：“治平元年（1064），常州，日禺时（日落时），天有大声如雷，乃一大星几如月，见于东南。少时而又震一声，移著西南。又一震而坠在宜兴县民许氏园中。远近皆见，火光赫然照天，许氏藩篱

陨石样本

引自《360度图解十万个为什么·天文地理篇》刘香英 编写 陕西人民出版社 2006年2月第1版 第104、105页

皆为所焚。是时火息，视地中只有一窍，如杯大，极深，下视之，星在其中，荧荧然，良久渐暗，尚热不可近。又久之，发其窍，深三尺余，乃得一圆石，犹热，其大如拳，一头微锐，色如铁，重亦如之。……”这段记载可以说是非常详尽又准确地对陨石下落的全部过程作了介绍，包括其下坠时由于摩擦产生的热和光、伴随的爆炸声以及陨石的温度、颜色、重量、大小还有最终落地时地面形成的大坑等等。

我国古代对“陨石”有各种各样的称呼。宋代以前一般把陨石称为“陨石”，也有把铁陨石叫做“金”的，如果下铁陨石雨，就叫作“雨金”。老百姓对陨石的叫法则有“雷斧”“雷楔”“霹雳碪”“霹雳车”“雷矢”“雷石”“雷公墨”“龙珠”“落星石”等，大都与天上的“雷”和“龙”联系起来，也许是和这一现象产生时伴随的声音和光亮有关。

由于陨星的这一现象非常引人注目，且巨大的陨石还会留下巨大的陨石

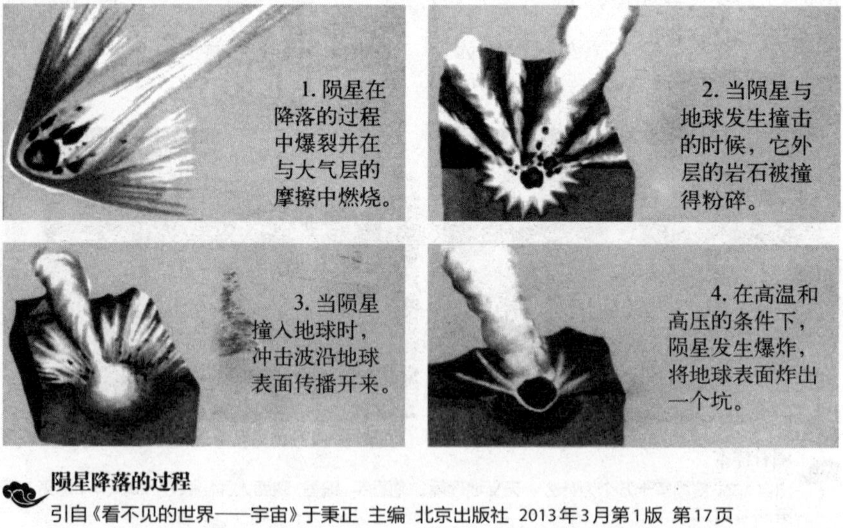

陨星降落的过程

引自《看不见的世界——宇宙》于秉正 主编 北京出版社 2013年3月第1版 第17页

坑，因此，我国还产生了许多有趣的陨石地名。例如陕西临潼县的雨金镇和雨金泊是由于公元前4世纪的“栎阳雨金”而得名的。还有位于今天新疆北部阿勒泰地区青河县境内的“银牛沟”，它的得名是由于一个多世纪以前，人们在这里发现一块形体大如牛、颜色银光发亮的大陨石，于是这个发现大“银牛”的地方就被称为银牛沟。山西的灵石县也是由于当地百姓在此处发现大陨石，并且视为天赐宝物而得名。还有陕西岐山县的落星湾和落星村，新疆哈密市的星星峡等地方，它们的名字都与这些从天而降的陨星有关。这些地名的记录不仅是作为有趣的故事存在，它们还可以为进一步的科学研究提供很多蛛丝马迹，帮助学者们展开相关工作。

通过上面的介绍我们知道，陨星这一自然现象只是众多天文景观中的一种。然而在“天人感应”思想统治下的汉代，以董仲舒为代表的政治家们却把陨石与日蚀、地震等自然现象都附会上了不好的色彩，认为这些都是异常的天象，是对人间事的某些预示。因此人们多对陨石进行主观的、迷信的解说。比如《隋书·天文志》论述陨星时说：“天者失道，纲纪废，下将畔去。故星畔天而陨，以见其象。国有兵凶，则星坠为鸟兽。天下将亡，则星坠为飞虫。天下大兵，则星坠为金铁。天下有水，则星坠为土。国主亡，有兵，则星坠为草木。兵起，国主亡，则星坠为沙。星坠，为人而言者，善恶如其言。又曰，国有大丧，则星坠为龙。”这在我们今天看来都是非常主观的、荒谬的联系，是带有浓重迷信色彩的说辞。这些现象也反映了在皇权至上的封建社会，科学往往会被伪科学所扭曲而失去其真实的面目。

但是，抛开这层原因不说，由于“陨”字的意思是“从高处落下”“坠落”，这本身就没有“上升”让人愉悦，所以人们在委婉地表达去世、死亡的意思时，所用的一些婉称往往带有“陨”字。如“陨落”这个词，我们常常说天上的星星陨落，后来在说一些德高望重的大人物去世的时候也往往用陨落，一方面是委婉的表达，另一方面也比喻他们的贡献是像天上的明星一样的。

同类的还有“陨背”“陨队”“陨零”“陨踣”“陨谢”“陨越”“陨蹶”“陨蹷”“陨亡”“陨仆”“陨世”“陨身”“陨殁”“陨命”“陨首”“陨缺”“陨丧”“陨灭”“陨毙”等等这些词，都是死亡的婉称，我们一看就会明白它们的意思。

讲到“陨”字的这个词义，我们不得不提与它非常接近的另一个字——殒。“殒”字出现较晚，甲金文中皆未见。“殒”字从歹从员，也是一个形声字，“员”是声符在这里不表意。我们来看所从的歹字，“歹”甲骨文有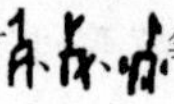等写法，它的本义是剔去肉后的残骨，它的字形就是“骨”字的上半部，第三种写法中有几个点当是表示剔骨时所流之血。所以从歹的字大多意象不好。“殒”字就表示死亡，《玉篇·歹部》：“殒，殁也。”《集韵·隐韵》：“殒，殂也。”例如“身亡命殒”。

我们看“殒”的这个词义就和“陨”的用法接近了，所以“殒”常常通“陨”表示坠落。《正字通·歹部》：“殒，别作陨。”《荀子·赋》：“列星陨坠，旦暮晦盲。”杨倞注：“当时星辰陨坠，旦暮昏雾也。”“陨”也常常通“殒”表示死亡。清朱骏声《说文通训定声·屯部》：“陨，亦作殒。”《左传·襄公三十一年》：“巢陨诸樊，阍戕戴吴。”杨伯峻注：“诸樊死于攻巢。”

这样看来，“陨”字似乎是个意象不太吉利的字。其实汉字本身是无辜的，在语言文字中，每个字都有其各自的职务，就好像社会中各行各业的人一样，我们不能因为有的人职业好我们就喜欢，职业不好我们就厌恶。文字也是一样，有表示积极意象的字，就一定会有表示较为消极意象的字。我们在学习汉字，使用汉字的时候万不可戴有色眼镜，对任何一个汉字都不能有偏见，毕竟它们是先民们创造出来的，为人类服务的，它们的各个义项和用法都是人们所赋予的。所以我们其实要心怀感激的，感激老祖宗的这一伟大创造，感谢这么多的文字使我们的表达更加丰富准确。

〖人贵直而文贵“曲”〗

古时候，文人最敬仰的星象是“文曲星”。在一些古典小说中，我们总能看到一些科举状元被说成是“文曲星下凡”的场景。即便是当下，每年各地的高考状元也会被誉为“文曲星下凡”。这是因为，在中国古代的神话传说中，文曲星是主管文运的星象。

现如今，以“文曲星”命名的学习用品有很多，诸如“文曲星电子词典”“文曲星学习机”“文曲星游戏”等等，不一而足，凡是与学习有关的商品，只要冠以“文曲星”，似乎就能够给使用者带来好的文运。这种消费心理，说到底还是源自于汉民族传统文化中关于“文曲星”的种种传说。

在诸多星象中，恐怕没有哪个星象的名称会比“文曲星”这个名称更令人费解。其费解之处，就在于“文曲星”的“曲”字该作何解释？查看字典辞书中关于“曲”字的解释，“曲”字下诸多义项中，似乎没有哪个义项能够很好

文曲星俑 晚清瓷器
引自《图说中国吉祥物》大乔 编著 中国社会科学出版社 2008年5月第1版 第203页

地与“文”字吻合上而构成“文曲”一词。或许正是因为这个原因，关于“曲”字的解释就一直在争论，也一直存在分歧。

在进入有关“曲”字的争议之前，我们还是先来说说“曲”字吧。

“曲”字是一个比较古老的字，出现比较早。早期的甲骨文作，金文写作，文字构形象曲器之形，字体框内的纵横纹饰，有繁有简，应当就是“曲”字的象形古文。甲骨文中的“曲”字又或写作、，金文亦或写作，与早期的写法相比，字体的外廓相同而省去了框内的纵横纹饰。

在后来的发展过程中，“曲”字的写法逐渐发生了变化。战国晚期的睡虎地秦简写作、，《说文》古文写作，小篆写作，诸多写法，虽然还存有“曲”意，但文字构形已与最初的象形古文相去甚远。其中，《说文》古文形殆由金文之类形式演变而来。到了汉代，汉印文字写作、，汉碑写作，已与今天楷书“曲”字几乎一致，则全然看不出“曲”意了。

关于“曲”字的字义，《说文》是这样解释的：“曲，象器曲受物之形。或说，曲，蚕薄也。，古文曲。”这里的“薄”是指蚕帘，是养蚕的用具，象席子或筛子，用苇、竹编成，这一意义后来写作“箔”。许慎的解释含有两层意思：一是象器曲受物之形，但未释出具体为何器物；二是蚕薄，即蚕箔，用苇或竹编制的养蚕的器具。到底哪个义项是“曲”字的本义？许慎的说解好像有点模糊。其实，如果我们将这两层意思作些调整并合起来看，含义就非常清楚了。我们都知道，用苇或竹编制的养蚕的器具蚕箔本身就是曲器之一，因此，许慎的说解就可调整为：“曲，蚕薄也，象器曲受物之形。”

“曲”字的本义为蚕箔，这应该是没有什么疑义的。文献中，“曲”字的这一用例也不少。如：《礼记·月令》：“（季春之月）具曲、植、籧筐，后妃齐戒，亲东乡躬桑。”郑玄注：“时所以养蚕器也，曲，簿也。”郑玄注中的“簿”字，用同“箔”。明张自烈的《正字通·竹部》就说：“簿，簾簿。亦作箔。”又，《淮南子·时则》：“具扑曲筥筐。”高诱注：“曲，薄也。青徐谓之曲。”《史记·绛侯周勃世家》：“勃以织薄曲为生。”裴骃《史记集解》引苏林曰：“薄，一名曲。”司马贞《史记索隐》：“谓勃本以织蚕薄为生业也。韦昭云：‘北方谓薄为曲。’许慎注《淮南》云：‘曲，苇薄也。’”《古文苑·扬雄〈元后诔〉》：“蚕于茧馆，躬筐执曲。”章樵注：“筐曲皆育蚕之具。”

“曲”字的蚕箔之义，后世或写作“苗”。从这个意义上来说，“曲”“苗”是一组古今字，“曲”为古字，“苗”则是在古字“曲”的基础上增加形符“艸”而产生的后起形声字。《说文》收有“苗”字，并解释道：“苗，蚕薄也。从艸，曲声。”徐锴《说文解字系传》说：“《汉书》：‘周勃织薄苗。’”其中的“苗”，今本《汉书·周勃传》写作“曲”。又，汉代扬雄《方言》卷五也说：“薄，宋、魏、陈、楚、江、淮之间或谓之苗。自关而西谓之薄。”现代汉语中，“曲”的蚕箔之义已很少出现了。

“曲”字由曲器蚕箔引申而有弯曲之义，与“直”相对。《玉篇·曲部》：“曲，不直也。”《诗经·小雅·采绿》：“予发曲局，薄言归沐。”郑玄笺：“今曲卷其发，忧思之甚矣。”《荀子·劝学》：“其曲中规。”《晏子春秋·内篇杂上三》：“曲刃钩之，直兵推之，婴不革矣。”现代汉语中，“曲”字的这一用法很常见。如：曲线、曲径。

又引申为折、弯之义。《广雅·释诂一》：“曲，折也。”《论语·述而》：

"饭疏食饮水，曲肱而枕之，乐亦在其中矣。"《礼记·间传》："大功之哭，三曲而偯。"郑玄注："三曲，一举而三折也。"进而有曲折、宛转之义。《易·系辞下》："其旨远，其辞文，其言曲而中，其事肆而隐。"唐人孔颖达疏："其言随物屈曲，而各中其理也。"今有"曲折"一词，属同义连用。

又引申有邪曲不正。《玉篇·曲部》："曲，枉也。"《楚辞·离骚》："背绳墨以追曲兮，竞周容以为主。"《战国策·赵策二》："穷乡多异，曲学多辨。"唐柳宗元《斩曲几文》："且人道甚恶，惟曲为先。"

又引申有理亏、过错之义。《逸周书·武称》："直胜曲，众胜寡。"《史记·廉颇蔺相如列传》："秦以城求璧，而赵不许，曲在赵。赵予璧而秦不予赵城，曲在秦。均之二策，宁许以负秦曲。"

又引申有委屈之义。唐柳宗元《断刑论》："又何必枉吾之道，曲顺其时，以谄是物哉。"《镜花缘》第四十六回："甥女主意已定，务望舅舅曲从。"

以上诸多义项，"曲"字均读为qū。这一音读下的"曲"字又是酒曲之"麯"的简化字。"曲"字另一音读为qǔ。这一音读下的义项有三：一是指乐曲、歌曲。《玉篇·曲部》就说："曲，章也。"如，《国语·周语上》："使公卿至于列士献诗，瞽献曲，史献书。"韦昭注："曲，乐曲也。"二是一种韵文形式，盛行于元代，又称元曲，是受民间歌曲的影响而形成的，句法较词更为灵活，多用口语，用韵也更接近口语。一支曲可以单唱，几支曲可以合成一套，也可以用几套曲子写成戏曲。亦泛指乐曲的唱词。如，郭小川《楠竹歌》："曲短意长歌不尽，愿将生命化竹枝！"三是量词，用于歌曲或乐曲，犹支、首。如，清赵翼《题汶上旅壁》诗："不堪老去重来宿，还听韦娘一曲歌。"毛泽东《蝶恋花·从汀州向长沙》："国际悲歌歌一曲，狂飙为我从天落。"

"曲"字的不同音读，应当是由于词义引申发展才从语音上予以区别。

粗略地梳理一下"曲"字的形、音、义之后，我们再回到"文曲星"的"曲"

字解释上来。至此，读者朋友是不是也觉得“曲”字的诸多义项似乎都难以与“文”相配来求得文运的顺畅。

关于“文曲星”之“曲”字的解释，主要有两种不同的意见。

一种意见认为，“文曲星”的“曲”应当写作“典”，写作“曲”是文献传抄过程中的错误，因“曲”“典”二字字形相近而误。

“文曲”二字，最早出现于《荀子·正论》。这篇文章的末尾写道：“今子宋子严然而好说，聚人徒，立师学，成文曲，然而说不免于以至治为至乱也，岂不过甚矣哉。”唐杨倞注说：“文曲，文章也。”《荀子》的“聚人徒，立师学，成文曲”这句话影响很广，于是“文曲”二字也就成了文学或文章的代名词。然而，清代训诂大师王念孙却认为“文曲”二字有误，其在《读书杂志·荀子第六·成文曲》说：“‘成文曲’，义不可通。‘曲’当为‘典’字之误也。故杨注云：‘文典，文章也。’（今本注文亦误作‘文曲’）‘成文典’，谓作《宋子》十八篇也（见《艺文志》）。《非十二子》篇云‘终日言成文典’，是其证。”王念孙以《荀子·非十二子》中的“终日言成文典”证《荀子·正论》中的“成文曲”当作“成文典”，其说比较可信。

如果王念孙的考证不误，那么，“典”误作“曲”的时间就应该是较晚的。就字形而论，“典”字的甲骨文写作，金文作，《说文》古文作，小篆作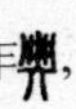，与“曲”字的构形相去甚远，不可能出现传抄的失误。至汉隶，“典”字写作、，楷书作“典”，与“曲”字汉碑作、楷书作“曲”的字形趋近，才有了传抄错误的可能。

在古代，人们认为天上的星宿与地上的事物是有对应关系的。古人认为，文昌宫六星的第四星，也称作“文昌星”，是主宰文运的。唐人裴庭裕《东观奏记》就有记载：“初，日官奏文昌星暗，科场当有事。”明人谢肇淛《五杂俎·天部一》也说：“俗言，南斗注生，北斗注死，故以北斗为司命。而文昌者，斗魁戴匡六星之一也。俗以魁故祠文星以祈科第，因其近斗也，故亦称文昌司命云。”大约到了宋代，人们受《荀子》名句“聚人徒，立师学，成文曲”的影响，始称文昌星为文曲星了，或称文星。又由“文曲星”附会出了“武曲星”。目前所能见到的最早出现“文曲星”记载的文献当推《水浒传》。《水浒传·引首》就说：“文有文曲，武有武曲。……文曲星乃是南衙开封府主龙图阁大学士包拯，武曲星乃是征西夏国大元帅狄青。”由此也可说明“文曲星”一词的出现不会很早。

第二种意见则以“巧”解“曲”。清人袁枚《随园诗话》卷四说：“凡作人贵直，而作诗文贵曲。孔子曰：‘情欲信，词欲巧。’孟子曰：‘智譬则巧，圣譬则力。’巧，即曲之谓也。崔念陵诗云：‘有磨皆好事，无曲不文星。’洵知言哉！”文中的“文星”就是“文昌星”，也即“文曲星”；“洵”字是文言副词，是“确实”的意思。

袁枚的“巧，即曲之谓也”的“巧”解，恐怕更多的是文学意义上的一种难以言传的意会而非文字训诂学意义上的训读。“巧”字本义为技巧、技能。《说文·手部》：“巧，技也。”《广韵·巧韵》：“巧，能也。”均以技能、技巧释“巧”。如，《孟子·离娄上》：“离娄之明，公输子之巧，不以规矩，不能成方圆。”《天工开物·乃服》：“天孙机杼，传巧人间。”又引申而有美好、美妙之义。《玉篇·工部》：“巧，好也。”如《诗经·卫风·硕人》：“巧笑倩兮，美目盼兮。”宋人李清照《浪淘沙》：“歌巧动朱唇，字字娇嗔。”实在难以看出“巧”与“曲”之间的直接关联。尽管如此，袁枚的这一训读倒也妙解了“文曲”之“曲”，可谓是“巧解”。“文贵曲”之“曲”的意思，强调的恐怕就是，文章重在构思巧妙、表达曲折。

现如今，“文曲”之“曲”，究竟该是“曲”还是“典”抑或是“巧”，已然不重要了。作为汉民族的一种文化符号，“文曲星”已经走出了当年的文人小圈，进入了平常百姓之家，深入人心。人们依然祈求文曲星的福祐，也只不过是渴望天下能够文运昌盛罢了。

〖“魁”星踢斗，独占鳌头〗

剑阁缘云拂斗魁，疾风生树过龙媒。

前程憩罢知无益，但是驽蹄亦到来。

——薛能《蜀路》

今天我们要介绍的这个字可谓看起来帅气，读起来霸气，且在语言界、文化界、天文界都占有重要地位。那么到底是什么字呢？不卖关子了，我们今天要来说一说“魁”。

“魁”字，是个典型的形声字，形符为斗，声符为鬼，意思为抒汤的勺子。《说文·斗部》：“魁，羹斗也，从斗。鬼声。”段玉裁注：“斗当作枓，古斗枓通用。枓，勺也。抒羹之勺也。”《说文》说得非常简单明了，段玉裁则更进一步阐释，认为魁中所从的“斗”当为“枓”，“枓”就是挹汤的勺子。那么要证明“魁”字为舀汤抒羹的器具，就要一步一步溯本求源，找到引发这个字义的“始作俑者”。

那我们先来说说“勺”这个字。勺字小篆写作“”，朋友们也许在概念中直接将“勺”等同于勺子，但其实，“勺”本义是动词用法，是舀取的动作。《说文》：“勺，挹取也。象形。中有实，与包同意。”段玉裁注：“外象其哆口、有柄之形，中一象有所盛也。与包同意，谓包象人裹子，勺象器盛酒浆，其意一也。”“包”字本作“勹”，小篆写作“”。我们可以看到，“勺”是一个象形字，“勺”字中有一点，就像舀东西的样子。后来也作名词用法，表示舀东西的用具，有柄。《玉篇·勺部》：“勺，饮器也。”有“勺”就会有“杓（biāo）”，“杓”就是勺子的柄，《说文·木部》：“杓，枓柄也。从木从勺。”段玉裁注：“枓柄者，勺柄也。勺谓之枓，勺柄谓之杓。”

然后我们再看“斗”这个字。“斗”也是一个象形字，金文作“”，像一个带柄的舀器。《说文·斗部》：“斗，十升也。象形，有柄。”段玉裁注：“上象斗形，下象其柄也。”我们可知，斗就是一种有柄的盛器。由于它的大小为十升，后来也作量词，十升为一斗，十斗为一石。后来把斗状的器物也称为斗，如“墨斗”“拖斗”“烟斗”等等。

说了这么半天，其实就是想要说明，既然“魁”字从“斗”，那么它的本义就不言而喻了，也是表示与“勺”类似的盛器。

我们既然说“魁”是一种与“勺”类似的器具，一方面说明它们相像，反过来，也说明了二者是有区别的。复旦大学张小艳曾在一篇文章中详细讨论过二者的不同，这里我们简单介绍给大家。张先生在文中据孙机的《汉代物质文化资料》一书中的资料研究，说明“魁”与“勺”的不同有：“魁”的口径一般为18厘米左右，比勺较为大；“魁”为平底或有圈足，可平放在案上，而“勺”是圆底，不能平放；“魁”的柄较短，而且装柄的角度与“勺”不同，只适

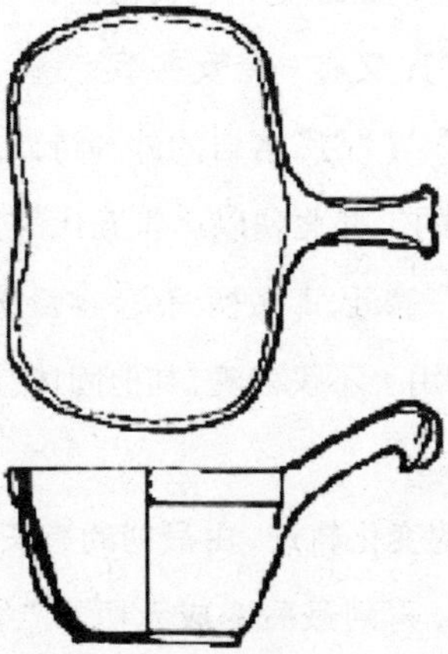

图1　陶魁

图2　铜魁

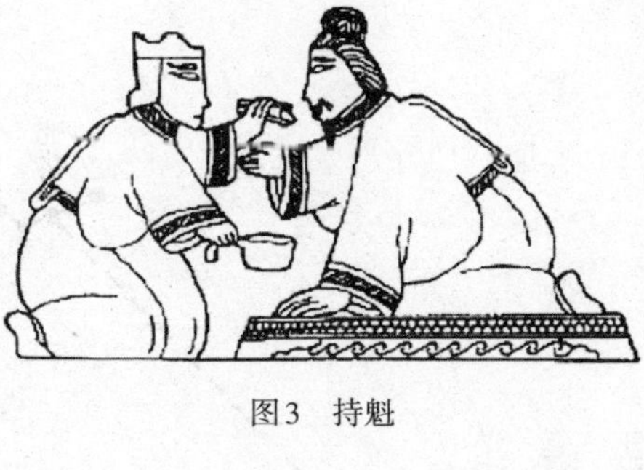

图3　持魁

图4　双手端盆，盆内安勺（M5 ：038）

图5　右手执魁，左手持钵（M5 ：034）

图1—5引自张小艳《“魁”与“盔”——中古名物系联例释》复旦学报（社会科学版）2013年第4期

合捉取，不方便挹注等等（参见图1—3）。这些不同在嘉峪关魏晋墓砖画上也有真切的反映。据发掘者描述，第5座墓前室西壁为进食画面，其中有三侍女徐行前往进食，第一人捧盆，盆内放一勺；又有一侍女右手持魁、左手持钵慢步行进（参见图4、5）。从中可看出“魁”与“勺”各自的外形特点。

“魁”的器形和功能不是一成不变的。据北朝以迄唐五代的文献中的用例来看，“魁”的形制及功用已向“盆盂”靠近，即短柄消失，容量增大，较大者跟“盆”相似，较小者与钵盂相当；在作用上不仅盛羹，其他固体、液体均可盛放，也因此“魁”的词义也随之有了变化。

我们可以看到，“魁”所表示容器的变化轨迹，由最初的有长柄的“抒羹之勺”慢慢变成柄较短的“盛羹之器”，再到最后变成无柄的“盆盂”之类。因此，后人如果不了解这个变化轨迹，很难一下子将“魁”字与“盆盂”物联系起来，于是人们新造了一个“盔”字来表示“盆盂”这种器物的意思。

讲到这里，我相信大家对“魁”这个字的来龙去脉以及字义流变都有了较为清楚的认识。下面我们就来说说由这个意义而引发的“魁”字的另一个职能——天文学名词。其实前面讲了“魁”字从“斗”，大家肯定猜到了天文

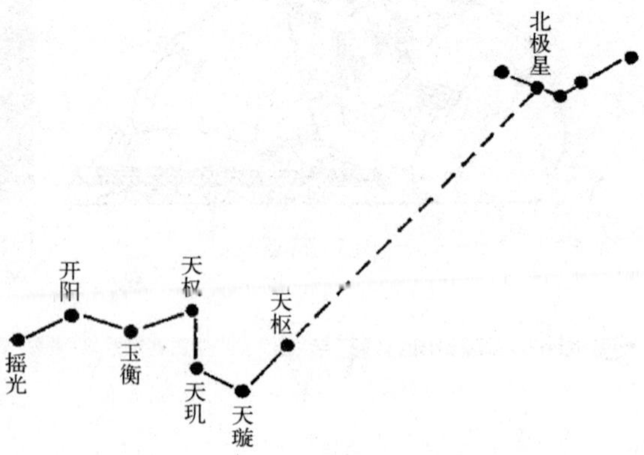

北斗星图及北极星

引自《中国古代天文历法基础知识》丁绵孙 著 天津古籍出版社 1989年7月第1版 第46页

学中的“魁”字肯定与北斗星有关。是的，北斗七星，北方天空中非常具有代表性的星座，连小孩子都认得天空中七颗星连在一起像勺子一样的星座是北斗星，俗名就叫勺子星。这七颗星我们的古人给它们分别取了名字，《石氏星经》称：“第一星为天枢，二为璇，三为玑，四为权，五为玉衡，六为开阳，七为摇光。”不仅如此，古人还因为北斗星特殊的形状，又将这七颗星分成两组再一次取了名字，我们今天说的“魁”就是表示第一至第四前四颗星星。

那么后三颗叫什么呢？朋友们还记得我们前面讲过“杓”这个字吧，就是勺子柄的意思，那么北斗七星在斗柄位置的那三颗星就叫做“杓”了。《广韵·宵韵》：“杓，北斗柄星。”《淮南子·天文》：“斗杓为小岁。”高诱注：“斗第一星至第四为魁，第五至第七为杓。”

古人还有“魁星踢斗”的说法，是与古代科举考试相关的典故。我们把“魁”字拆开，便是“鬼”和“斗”二字。传说中，魁星因为面目狰狞丑陋，所以三次考状元都未能考取，所以魁星一怒之下将盛书的木斗踢掉并投江而死。虽然三次考试都未能夺冠，人们还是佩服魁星的才华，并封他为神，专门掌管学子的文运。民间传说中，魁星手里拿了一支笔，专门点考试中榜者的姓名。谁梦见魁星，谁就能成为考场上的幸运者。汉族民间工匠塑造或绘画魁星像时，刻意塑造成面目狰狞的模样，它单脚立于鳌头之上，另一脚翘起，一手执笔，一手捧斗，寓意“魁星点斗、独占鳌头”。魁星点斗的吉祥图案和读书人信奉魁星的风俗早在宋代就有，而在明、清则大为流行，有的考生在座位上贴上魁星像；有的考生还在怀里揣上泥塑小魁星，以求神明保佑，这些现象也从侧面反映了明清时候科举考试已经发展到了封建社会的顶峰。

中国古人对北斗的崇拜还有一个非常重要的原因就是，在“观象授时”的古代，北斗星是非常关键的观察对象，古人可以利用它来辨别方向，判定时节。因此有“斗建授时”的传统。《晋书·天文志》谓北斗星是“七政之枢机，阴阳之元本，所以运于天中，控制四方，以建四时而均五行。”生活在黄河流域的古人观察天象，以北天极为中心的天区都是非常容易观察的范围，所以这里是重点的观测对象。北斗星又由于其突出的形状特点更加引人注目，在很早的时候，古人就发现北斗星围绕北天极做周年运动，故每个不同的季节，北斗的“勺柄”就会指向不同的方向，人们根据斗柄的不同指向，就可以判断季节了。如果把天璇、天枢连成直线，并延长约五倍的长度，就可以找到北极星，而北极星是北方天空标志性的中心。

英国人李约瑟在他的《中国科学技术史》一书中就指出了这种判断方法：角的位置可由斗柄最后二星的位置定出，从玉衡引一条直线与连接天玑、天权的线平行，就指出了南斗的位置，斗魁的延长线正与参相遇。古人正是利用了北斗星的这一大特点，终年观测，建立起了最早的时历系统。这充分体现了我国先民的无穷智慧，在世界天文学史上都是精彩的一笔。

古代的文学作品中，常常会出现“斗星”一词。但需要注意的是，我们要辨别文句中的“斗”指的是北斗七星还是二十八宿中的“斗”宿，因为斗宿既分北斗又分南斗。例如王维的《送秘书晁监还日本国》：“积水不可极，安知沧海东。九洲何处远，万里若乘空。向国谁看斗，归帆但信云。”诗中的“斗”就是指北斗星。再如屈原的《远游》中有“揽彗星以为旍系，举斗柄以为麾。叛陆离其上下兮，游惊雾之流波”，也是指北斗星。《红楼梦》中有林黛玉的诗句“撒天箕斗灿，匝地管弦繁”，这句中的“斗”就不是北斗星，而是斗宿，和“箕”并列，“箕”为箕宿。由于斗宿和箕宿的相对位置，有“南箕北斗”之说。《诗经·小雅·大东》这首诗歌中列举了非常多的星名来表达感情，其中就有：“维南有箕，不可以簸扬。维北有斗，不可以挹酒浆。”这里面的“斗”就不是北斗七星了。

关于“魁”字还有这样一个故事。相传明成祖朱棣自恃才华出众，认为科举考试对他来说肯定轻而易举就能拿个状元，于是更名换姓改造身份参加科举考试，等到发榜的时候发现自己不仅不是状元，而且连前三名都不是，只得了第五名。于是朱棣非常生气就去找主考官问问情况，主考官得知是这样的事情后非常惶恐，但是金榜已经昭告天下无法再收回更改了，于是就在上面加了一行注解："第五名为前四名之魁首。"

魁首是指取得第一名的成绩，明清时期的科举考试要考《诗》《书》《礼》《易》《春秋》五经，称为五经取士，每经取得第一名就叫魁首，五经全部第一名就叫"五魁首"。现在人们在喝酒的时候会划拳行酒令来娱乐，很多地方的酒令词里面都有"五魁首"这一句，可大部分人未必知道这其中还包含着这样一个典故吧。"魁首"也称作"魁元"，"元"即是"首"的意思，如《白雪遗音·马头调·双飞燕》："喜的是芍药，爱的是牡丹，花中的魁元。"

"五魁首"这个说法体现了"魁"字的另一个重要义项，就是"头""首"的意思。起初是指具体的头部，如《太平广记》卷四五九引五代范资的《玉堂闲话·朱汉宾》中有"有大蛇……其魁可大如五斗器，双目如电"一句，就是指蛇头。由这个意思引申为首领、领头人，统帅、统领的意思。"魁帅"指主将，"魁杰"指首领人物或出众的人。后又引申为居第一位，第一名者，如"魁甲""魁选"都是指科举考试进士第一名，就是状元，也泛指最优者，位次居第一的。

如果朋友们翻开《汉语大字典》，会发现"魁"字的义项还远远不止我们今天提到的这些，这充分说明了汉字的内涵之广博。每一个字的字形、字音、字义无不有千丝万缕的联系，一个字就是一首诗，一个字就是一个故事，一个字就是一部文化书。文字是语言的符号，是文化的使者，是纸张上跃动的精灵，希望每位朋友都能够热爱汉字，走上汉字文化之旅，去探寻每一个汉字背后的故事。

【踏“罡”步斗】

《三国演义》第一百十三回讲到诸葛亮五丈原禳星的事情，是说诸葛亮在看到将星晦暗，自知命不久矣之后，便用祈禳之法欲给自己增寿。原著中就讲“(孔明) 日则计议军机，夜则步罡踏斗”。无独有偶，《水浒传》第八十九回中也讲“公孙胜在军中仗剑作法，踏罡步斗，敕起五雷”。这里的“步罡踏斗”和“踏罡步斗”是一样的，都是指道教的一种仪式，礼拜星宿、召遣神灵的一种动作，因其动作步伐转折，犹如踏在罡星斗宿之上，故称。

那么，罡星是什么星呢？罡星就是我们常说的天罡，属于北斗七星，是北斗七星的柄。《参同契》卷下中讲到：“二月榆落，魁临于卯，八月麦生，天罡据西。”其中的“魁”和“罡”都是北斗七星中的星，“魁”是指北斗七星的勺，而“罡”是北斗七星的柄。这里都是说时节和星宿在天空中的相对位置。道教称天罡为北斗丛星中三十六星之神，所以有所谓“步罡踏斗”的说法。然

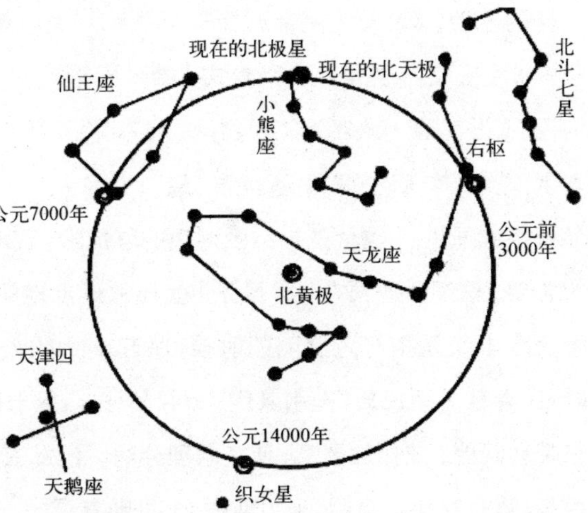

北极星与北斗七星
引自《星占与梦占》刘文英著 中央编译出版社 2008年3月第1版 第25页

而天罡在占星学中则被星家认为是月内凶神，如《协纪辨方书》中引《历例》曰："阳建之月，前三辰为天罡，后三辰为河魁，阴建之月反是。"

如果大家百度"罡"字，就会发现，百度百科中在词条的开头如是说："四正为罡。心四正：道正，德正，法正，智正；身有四正：体正，气正，精正，神正；言有四正：语正，声正，韵正，音正；行有四正：即行立坐卧。"（引用百度百科"罡"词条2015-4-11）这个说法显然是从今天写作上"四"下"正"的"罡"字的结构出发的，巧妙地拆字为语，拆"罡"为"四正"，进而用积极的价值观内容进行解释，成所谓心、身、言、行各方面的"四正"。这个说法虽然有利于我们今天记忆和学习"罡"这个字的字形结构，并且能够教人向善，但是若从古文字角度出发，即探寻"罡"字的本形本义的话，恐怕就有些不能圆通了。

其实"罡"字所从的上半部分，看似接近"四"，实际上不是"四"而是"罒"，即"网"。罒字甲骨文写作等字形，从字形结构上看是像渔网一样的东西。《说文·网部》:“网，庖犧所结绳以渔。从冂，下象网交文。”商承祚《殷虚文字类编》谓甲骨文“象张网形”。所以我们知道了，罡字所从为网。《正字通·网部》又说:“网，纲本字。”即“罒”与“纲”同，是“纲”的本字。“纲”字《说文》小篆写作“”，从糸从冈，表示提网的总绳。《说文》:“纲，维纮绳也。”也就是指维系网绳的总绳索，后来引申为我们现在说的事物的总要、总纲。成语“纲举目张”就非常形象地解释了这个意思及演变。纲举目张本义是指打鱼撒网的时候，举起网上的大绳，所有网眼就都会张开。《吕氏春秋·用民》:“一引其纲，万目皆张。”用来比喻做事情抓住主要环节，来带动其他；或抓住要领，使其条理分明。汉郑玄《〈诗谱〉序》:“举一纲而万目张，解一卷而众篇明，于力则鲜，于思则寡。”

我们再回到“罡”字，罡字的另一个义项即是同“冈”，表示山冈。清朱骏声《说文通训定声·壮部》:“冈，俗误作罡。”《说文》小篆“冈”字作“”，我们可以看到，是从网从山的，只不过把山也写进冂字里面去了。《说文·山部》:“岡（冈），山骨也。从山，网声。”《尔雅·释山》:“山脊，冈。”《释名·释山》:“山脊曰冈。冈，亢也，在上之言也。”《诗·周南·卷耳》:“陟彼高冈，我马玄黄。”这里面的“冈”都是表示山脊的意思。

含有“冈”这个字素的很多词都和山有关，因此，与“冈”字相通时，“罡”也往往训为山冈。如北魏郦道元《水经注·浪水》:“裴渊《广州记》曰:‘城北有尉他墓，墓后有大罡，谓之马鞍罡。’秦时占气者言南方有天子气，始皇发民凿破此罡。”此处的“大罡”就是指像山一样高起的大土石坡。

还记得我们前面讲的“踏罡步斗”吗？它是指中国传统道教里面法师祈天作法的步伐，表示踏在天宫罡星斗宿之上，也称为“踏罡礼斗”“踏罡布斗”“步罡踏斗”“步罡蹑纪”“步罡履斗”“飞罡蹑纪”等。道士步罡踏斗之坛则叫做“步罡坛”。步罡坛上要铺设“罡单”，罡单以四象、二十八宿和九宫八卦图组成，象征九重天霄，作法之人按罡单上的星辰斗宿方位以步踏之，即可神驰九霄，启奏上天。于是有个词语叫做“野鹤步罡”，是形容人步履蹒跚的样子。

道士行步罡踏斗时的踏斗，称为“禹步”。为什么称为“禹步”？相传和治水的大禹有关，传说是大禹发明的禹步，故称。战国尸佼《尸子·广泽》说：“禹于是疏河决江，十年不窥其家，足无爪，胫无毛，偏枯之病，步不能过，名曰‘禹步’。”《洞神八帝元变经·禹步致灵》对禹步来源有较为详细的解说：“禹步者，盖是夏禹所为术，召役神灵之行步，以为万术之根源，玄机之要旨。昔大禹治水，不可预测高深，故设黑矩重望，以程其事。或有伏泉磐石，非眼所及者，必召海若、河宗、山神、地祇，问以决之。然禹届南海之滨，见鸟禁咒，能令大石翻动。此鸟禁时，常作是步。禹遂模写其行，令之入术。自兹

北川县禹里羌族乡禹王庙前的大禹塑像

引自《九州方圆话大禹》谢兴鹏 著 四川省大禹研究会 北川县地方志办公室 2002年10月第1版 第1页

以还，术无不验。因禹制作，故曰禹步。末世以来，好道者众，求者蜂起，推演百端。”即是说大禹治水的时候，到达南海之滨，看见有鸟禁咒，能让大石翻动，但是鸟禁咒时必须踏出奇异步伐，大禹于是就模仿此步伐，运用于治水之方术。后由于此方术很灵验，又是大禹模仿创作，人们就称之为禹步。

这个传说从侧面反映了其实在道教创立之前就有这种“禹步”了，禹步最早是古代巫师跳神的步伐，也称为“巫步”，只是后来又被道家道士吸收运用并赋予新的意义，产生了诸如七星禹步、三步九迹法、三五迹禹步法、十二迹禹步法、天地交泰禹步法、交乾禹步法等等众多的步法。

唐宋以后，道教科仪典籍中的罡法更是五花八门，有以功能来命名的，如：回尸起死罡、伏御地祇罡、群魔束形罡、鬼精减爽罡、束缚魔灵罡、普扫不祥罡等；有以召请对象来命名的，如：召炼度司官吏罡、召灵宝官吏罡、召黄箓院官吏罡、召三鬼魔王罡、召五帝罡、召八方威神罡、召十方飞天神王罡法等；也有以步法图形来命名的，如：交泰罡、二十八宿罡、五行超脱罡、旋斗历箕罡等。道教创造如此丰富的禹步罡法，以运用于不同的法术，其实还是和古人对星辰斗宿的崇拜思想分不开，在今天看来都属于封建迷信之物。

我们说天罡是指北斗星的柄，因此斗魁与天罡二星又合称为“魁罡”，“魁罡”的用法在古文中非常常见。如汉焦赣《易林·睽之渐》：“魁罡所当，初为败殃。”元邓玉宾《端正好》套曲：“天一和太一，分七政布魁罡。”或作“魁冈”，阴阳家谓每年十月，北斗魁星之气在戌，是为魁冈，不利修造。三国魏嵇康《难张辽叔宅无吉凶摄生论》：“百年之宫，不能令殇子寿，孤逆魁冈，不能令彭祖夭。”也作“魁纲”。《旧唐书·李泌传》：“有司言宣政内廊坏，请修缮，而太卜云：‘孟冬为魁冈，不利穿筑，请卜他月。’”《资治通鉴·唐德宗建中元年》：“十月魁冈，未可修。”胡三省注引史炤曰：“魁冈者，北斗魁星之气，十月在戌，为魁冈。”这里“魁罡”的几个不同写法，也证明了我们前文所说的

“罡”字与“冈”“纲”等字的复杂关系。关于“魁罡”，古代的命理学家们还有更多的说法，比如认为“魁罡”是四柱神之一等，这些所谓的将星象与人事相联系的说法都是唯心主义的，反映了古人的迷信思想和星占崇拜。

说到“罡”，朋友们会想到“天罡”，自然还会想到“三十六天罡”。我们知道在古典名著《水浒传》中，作者将里面的一百单八个英雄好汉分别与三十六天罡和七十二地煞相配。三十六天罡的主将分别为：天魁星及时雨宋江，天罡星玉麒麟卢俊义，天机星智多星吴用，天闲星入云龙公孙胜，天勇星大刀关胜，天雄星豹子头林冲，天猛星霹雳火秦明，天威星双鞭呼延灼，天英星小李广花荣，天贵星小旋风柴进，天富星扑天雕李应，天满星美髯公朱仝，天孤星花和尚鲁智深，天伤星行者武松，天立星双枪将董平，天捷星没羽箭张清，天暗星青面兽杨志，天佑星金枪手徐宁，天空星急先锋索超，天速星神行太保戴宗，天异星赤发鬼刘唐，天杀星黑旋风李逵，天微星九纹龙史进，天究星没遮拦穆弘，天退星插翅虎雷横，天寿星混江龙李俊，天剑星立地太岁阮小二，天竟星船火儿张横，天罪星短命二郎阮小五，天损星浪里白条张顺，天败星活阎罗阮小七，天牢星病关索杨雄，天慧星拼命三郎石秀，天暴星两头蛇解珍，天哭星双尾蝎解宝，天巧星浪子燕青。

梁山泊上的每一个好汉都有一个星号名，且每个人的星号还能在某种程度上反映他的性格特点。可以说作者是煞费苦心的，所以其中的妙处还须大家认真品读，仔细玩味才好。

【凶神恶“煞”】

三十六天罡也好，七十二地煞也好，都带有明显的传统道教的色彩。道教认为北斗众星中有三十六颗天罡星，每颗天罡星各有一个神，合称“三十六天罡”；北斗众星中还有七十二颗地煞星，每颗地煞星上也有一个神，合称“七十二地煞”。

天罡星前面我们已经简单介绍了，今天我们要着重来说一说“地煞”。既然是“地”煞，就不在天上，其实严格说起来，地煞并不能算进天文学的范畴，只是人们习惯于将“天罡”与“地煞”并列使用，仿佛“天罡地煞”成了一对不可分割的好兄弟，所以在这里我们也谈一谈“地煞”。

“煞”字字典里有两个读音。“煞”读为shā时，同“杀”，表示弄死、杀死的意思，《广韵·黠韵》：“煞，同杀。”《资治通鉴·唐顺宗永贞元年》：“叔文闻之，怒，欲下诏斩之，执谊不可；则令杖煞之，执谊又以为不可；遂贬焉。”胡三省注："煞，与杀同。"再比如我们常说的"杀手锏"，也可以写作"煞手锏"，常常比喻出奇制胜的手段和方法。

读作阴平声的"煞"另一个意思是指收束、停住，比如"煞车"。那么"煞车"和"刹车"有什么区别？这里要注意的是，"煞车"和"刹车"都可以表示我们通常认为的使行驶中的车辆减速至停止的动作，但是"煞车"还有另外一个意思，就是指用绳索将车上所载之物紧紧束缚在车上，如：煞行李。

我们今天要说的道教所谓的"天罡地煞"中的"煞"读为shà，去声。煞是指魂灵、鬼魂之类的，古人迷信，认为煞是凶神恶鬼。在唐朝张读的《宣室志・补遗》中有一段详细描写古人所认为之"煞"："俗传人之死，凡数日，当有禽自柩中而飞者，曰'煞'。太和中，有郑生者，尝客于隰州，与郡官畋于野，有鹰得一巨鸟，色苍，高五尺余。生将命解而视之，忽亡所见。生惊，即访里中民讯之，有对者曰：'里中有人死且数日，卜人言，今日'煞'当去，其家伺而视之，有巨鸟，色苍，自柩中出。君之所获，果是乎？'"

旧时封建社会的人们还有"煞回"的说法，即认为人死若干天后，其魂魄返回故宅，会有煞神随之，故称。清钱大昕《恒言录・俗仪》："今俗丧家于八九日后，谓之煞回。子孙亲戚都出避外舍。"所以我们可以看到，在古人的观念中，"煞"绝非祥物。

古人所以有"煞气"之说，是指凶神恶煞的气象，或者说凶秽之气、邪气，如晋葛洪《抱朴子・至理》："接煞气则彫瘁于凝霜，值阳和则郁蔼而条秀。"也指凶恶的神色、凶狠的面色，如李劼人《死水微澜》第五部分七："(老爷) 一双眼睛，很有煞气，粗眉毛，大鼻子。""煞神"指凶神，如《红楼梦》第八一回："把他家中一抄，抄出好些泥塑的煞神，几匣子闷香。"也用来比喻凶恶暴烈的人。与此相类似的，如"煞耗"指凶神、"煞鬼"指恶鬼等等。

写到这里，笔者不揣谫陋，妄提拙见，也许正是因为"煞"字在使用的过

佛教中防止凶曜煞星之母——明王佛母

引自《藏传佛教神明图谱·福神》久美却吉多杰 编著 青海人民出版社 2012年1月第1版 第133页

程中，总是与“杀”相通，有了这种联系，所以才总是给人留下不吉利的印象吧。

自然“地煞”也是晦气的星宿，星相家们认为地煞是主凶杀之星。虽然我们常说《水浒传》里面一百单八将个个是好汉，人人是英雄，但是，无论是从作者所用笔墨来说，还是从读者的重视程度来说，七十二地煞星似乎都没有三十六天罡星那么“主要”。无论是小说还是电视剧，里面的三十六天罡总是本领高强，能力突出，戏份也足的，而七十二地煞看起来就像是“跑龙套”的了。其实，就小说的写作艺术来说，这也是详略得当、主辅相配的巧妙写法，所以七十二地煞并不是可有可无的，恰恰是他们与三十六天罡的默契配合，才演义了一出轰轰烈烈的好汉闹梁山的大戏。

“地煞”一词后来泛指凶神恶鬼，也比喻恶势力等，如清李渔《奈何天·焚券》：“这是狠地煞降灾的符水，善天官赐福的旌旗。”碧野《没有花的

九纹龙史进

引自《一本书读懂四大名著》元亨利 编著 江苏文艺出版社 2012年4月第1版 第12页

春天》第二章："他要在屋后的山顶上建造一座七层宝塔，让自己的家更兴旺些，而且可以压压村子里的地煞。"

和其他古典小说一样，《水浒传》中也充满了古人的占星思想，看星象测人事的思想根深蒂固。且《水浒传》直接将小说中的人物与天罡地煞星宿相联系，使得这种星命观表现得更加强烈。天罡地煞星中最早出场的是史进，他与朱武、陈达、杨春三地煞星的聚义"也是天罡星合当聚会"。智取生辰纲为全书的关键回目，其中晁盖就在智取生辰纲之前"梦见北斗七星，直坠在我屋脊上，斗柄上另有一颗小星，化道白光去了"。

这种带有谶纬思想的天人合一思想意识在全书中可以说是俯拾皆是，如第三十九回蔡京寄信给其任江州知府的儿子，说道"夜观天象，罡星照临吴、

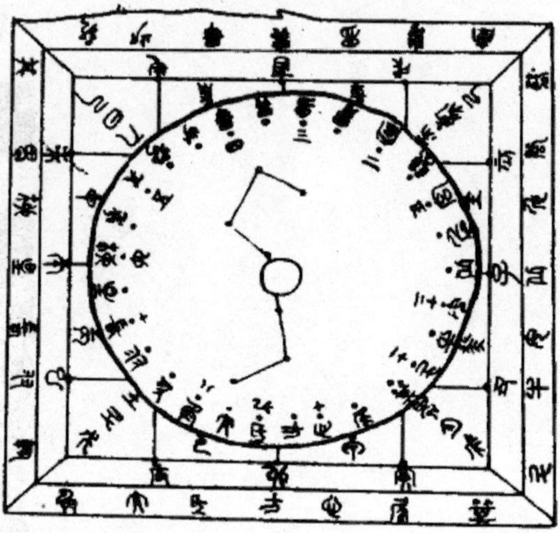

安徽阜阳出土的西汉古盘（摹本）
引自《天文考古通论》陆思贤、李迪 著 紫禁城出版社 2000年11月第1版 第271页

楚”。第九十二回：“使臣进城，宣读令旨，说近来司天监夜观天象，有罡星入犯晋地分野，务宜坚守城池，不得有误。”第一百一十一回：“近日司天太监浦文英奏道：‘夜观天象，有无数罡星入吴地分野，中间杂有一半无光，为祸不小。’”第一百一十七回：“文英夜观乾象，南方将星，皆是无光，宋江等将星，尚有一半明朗。”可以毫不夸张地说“夜观天象”几乎成了古人，尤其是帝王将相的谋士们，每天的必修课。

“煞”字除了表示“地煞”与星宿有关，还有很多其他词义。我们常常会说一个人在受到惊吓后脸色“煞白”，这里的“煞”是副词用法，表示“极”“甚”。相同的用法如唐卢延让《八月十六夜月》诗“桂老犹全在，蟾深未煞忙”中的“煞忙”；《朱子语类》卷八七“东汉诸儒煞好”中的“煞好”；元马致远《汉宫秋》第一折“这个煞容易”中的“煞容易”；元白朴《梧桐雨》第三折“煞不如碧兮纱，晨光闪烁鸳鸯瓦”中的“煞不如”等。

由此引申，“煞”字还可表示加强语气，类似于“的确、确实”，如《酷寒亭》楔子“煞是多谢了哥哥”和《二刻拍案惊奇》卷四“老三说是果然真有的，煞是不平”中的“煞是”，表示确是、极是。元秦简夫《赵礼让肥》第四折“稳请受皇家俸禄，煞强似一片荒山掘野蔬”和《快心编三集》第六回“妹妹那等人物，怕本地寻不出好夫婿，煞强似远嫁他方，况叔婶坟墓上去祭扫，也还近便”中的“煞强似”，表示确实胜过。元王实甫《西厢记》第二本第二折“今日個东阁玳筵开，煞强如西厢和月等”中的“煞强如”，与“煞强似”意思相同，都是指确实胜过、相比更好的意思。

我们知道，元杂剧中，每一折戏，唱同一宫调的一套曲子，其宫调和每套曲子的先后顺序都有成例规定。套数亦称联套，是将同一宫调的若干支曲子，按照一定规则连缀起来，每套必有“尾”，亦称“煞”，表示全套曲子成一阕。因此“煞尾”一词是用来表示北曲套数中最后的一支曲子。比如我们都非常熟悉的《窦娥冤》，全名为《感天动地窦娥冤》，里面的“煞尾”唱词就非常出名，且唱腔激昂悲怆，让观众能深刻感受到作者的强烈感情。

后来，“煞尾”一词也引申表示文章的最后一段，如《花月痕》第四七回：“瞧着烛天的余焰，煞尾的余声，你道可笑不可笑呢？”胡也频《光明在我们的前面》：“他们每次的相见，都成为三个转变，开头是欢喜的握手，中间经过争论，随后用喜剧的煞尾。”也用来表示事情的最后收尾，如可以说“事情不多了，马上就可以煞尾”等表达。相类似的表达还有“煞场”，表示一出戏的结束，如《红楼梦》第九三回：“直等这出戏煞场后，更知蒋玉函极是情种，非寻常脚色可比。”方言中还有“煞台”表示演出结束、散戏，“煞年”表示年终，“煞账”表示结算账目等用法。

小小一个“煞”字，我们“煞有介事”地啰唆了这么半天，也要在此“煞尾”了。对“煞”字的解说谈不上“煞费苦心”，但也希望没有让朋友们感到

“煞风景”。都说汉字文化博大精深，每一个汉字都是一首诗，我却说，每一个汉字就像一个性格鲜明的人儿，读音和字形就像其外貌，而字义内涵就是其性格和品质。有的字像温婉的少女，清新雅人；有的字则像梁山好汉一样豪迈奔放；有的字像孑然一身的隐士，仙风道骨；有的字像精心打扮的贵妇人，花团锦簇……文字这个大千世界，也是众生百态，好不热闹呢！

图书在版编目（CIP）数据

汉字中的天文之美/蒋德平,金瑞著. —上海：
文汇出版社,2017.12
（看懂中国字　读懂中国心 / 王元鹿主编）
ISBN 978-7-5496-2261-0

Ⅰ.①汉…　Ⅱ.①蒋…　②金…　Ⅲ.①汉字—研究—　Ⅳ.
①H12

中国版本图书馆CIP数据核字(2017)第188671号

丛书策划：张　衍
丛书主编：王元鹿
出 版 人：桂国强

汉字中的天文之美
看懂中国字　读懂中国心

作　　者/蒋德平　金　瑞

责任编辑/乔　聿
特约编辑/徐祖友
封面装帧/王　翔

出版发行/文匯出版社
上海市威海路755号
（邮政编码200041）
经　　销/全国新华书店
排　　版/南京展望文化发展有限公司
印刷装订/苏州市越洋印刷有限公司
版　　次/2017年12月第1版
印　　次/2017年12月第1次印刷
开　　本/640×960　1/16
字　　数/180千
印　　张/13.75

ISBN 978-7-5496-2261-0
定　　价/42.00元